JN418612

서방견문록
(西方見聞錄)

서방(西方)의 문을 열며

『동방견문록(東方見聞錄)』을 남긴 마르코 폴로 선생!

선생께서 우리 동방을 방문한 것이 1280년대 즈음이고, 그 후에 『동방견문록』을 남겨 중세 유럽에서 우리 동방을 이해하는데 지침서(指針書)가 된 점에 대하여 후세 인류의 한 사람으로서 감사합니다. 그토록 일찍 저희 동방을 방문해주셨음에도 제가 1982년에야 선생께 대한 감사의 예의로 서방을 처음 답방하게 되니 실로 700년이나 지나서입니다. 한편으로는 너무 늦어서 죄송스러우나, 다른 한편으로는 늦게 태어난 덕분에 쉽고 편하게 서방을 견문할 수 있었으니 제게는 다행스러운 일입니다.

동방견문록을 더듬어 보면, 선생께서 여행하신 동방은 터키를 경유하거나 인디아를 경유하여 이란을 비롯한 지금의 중동지방과, 고비사막을 거쳐 길게 이어진 비단길을 지나 원나라로, 지금의 중국 땅과 동남아시아 지역인 듯합니다.

마(馬)르코 폴로 선생!

선생께서는 원나라에 17년 간이나 살면서 자식도 낳아, 오늘날 마씨(馬氏) 성(姓)의 한 가닥을 이루었다는 낭설이 있기도 합니다만, 원나라를 중심으로 하는 아시아 국가는 대개 사람들의 특성이 서방과는 달리 검은 머리카락과 검은 눈으로 규정할 수 있을 것입니다. 그래서 요즈음은 선생의 후손인 마씨 성을 갖은 사람들마저도 모두 검은 눈과 검은 머리랍니다. 가끔은 머리카락을 노랗게 물들여 조상인 선생을 그리는 마씨 젊은이들이 한국에도 있기는 합니다만….

그런데 제가 견문해 본 지역은 유럽의 대부분과 북미지역, 남아메리카 그리고 남반구의 끝에 있는 호주로서, 대부분의 사람들 머리색이 노란색 머리이거나 은색 혹은 검붉은 색 등 매우 다양하고, 눈도 파란색, 갈색, 회색 등 여러 가지더군요. 선생은 이탈리아 베네치아 출신이니 생각해보면 우리가 흔히 부르는 백인(白人)의 신체적 특징을 갖고 계셨을 것이고, 그렇게 동방과 서방을 구분해도 크게 틀리지는 않을 것입니다.

선생이 포로로 잡히어 감방 생활을 할 때 감방 동료들에게 심심풀이로 들려준 여행담이 다행히 동료 포로 '루스티켈로'가 글로 남기어 불후의 명작 『동방견문록』이 세상의 빛을 보게 되었습니다만, 나는 내가 다녀본 서방세계의 신기한 모습과 사람 살아가는 모습을 동료가 아닌 컴퓨터의 힘을 빌어, 감방이 아닌 안방에서 글로 남겨 세상을 살아갈 후손들에게 남겨볼까 합니다.

하여간 세상 많이 변했습니다. 선생께서 머물던 중국에도 휴대폰이 넘쳐나고, 선생께서 긴 세월을 낙타 타고 건넜던 고비사막도 요즈음엔 비행기로 그저 하룻밤이면 건너가니 말입니다.

그럼 지금부터 저는 이코폴로가 되어 서방으로 날아들까 합니다.

2012년 정초에

이순형

차례

드디어 비행기에 오르니 기분은 벌써 하늘을 날더군요. 약간 들뜬 흥분 속에 비행기가 이륙하고 한 시간쯤 지나니 예쁜 스튜어디스들이 음식을 나누어 주더군요. 음식 맛도 좋았지만 무엇보다 유럽 산 포도주를 달라는 대로 주는데 비행기값 아깝지 않도록 넉넉하게 마셔두었습니다.

반쯤은 유럽 여행에 흥분도 되고 반쯤은 포도주에 취해 흥얼거리다가 살포시 잠이 들었는데, 깨어보니 알래스카의 앵커리지 공항이었습니다. 그 시절에는 우리나라가 중국이나 러시아와 수교가 되지 않아서 대한항공은 아시아대륙을 횡단하여 유럽으로 가는 단거리 비행을 하지 못하고 알래스카를 돌아 북극 상공을 지나 유럽으로 가야 했으니 참 안타까운 일이었습니다.

물론 도쿄에 가서 유럽 국적의 비행기를 타면 몽고와 시베리아를 횡단하는 단거리 여정이 있기는 했습니다만, 그래도 애국한답시고 한국 사람들은 대한항공을 고집스럽게 타고 다니던 시절이었습니다.

앵커리지 공항에 도착하여 규모가 제법 큰 면세점에 들어가니 들리는 소리가 모두 영어뿐이었습니다. 과연 외국에 온 것

파리의 아침

존경하는 마르코 폴로 선생!

내가 처음 유럽을 가게 된 것은 1982년 늦가을 무렵이었답니다. 그때 나는 국제상사라고 하는 한국의 종합상사에 근무하고 있었는데, 순전히 장사를 위해서 독일과 핀란드를 방문하게 되었습니다. 요즈음은 건방지게 비즈니스라고 합니다만, 하여간 선생께서 동방을 처음 여행하시게 된 사연이 삼촌의 장삿길에 따라나선 것이니 우리 서로 연유는 같군요.

내가 유럽행 비행기를 처음 탔던 그 시절만 해도 한국에서는 해외 여행이 쉽지 않아서 대단한 영광이었지요. 감격하여 조상님들 묘에 가서 절을 하고 떠났을 정도이니까요.

드디어 비행기에 오르니 기분은 벌써 하늘을 날더군요. 약간 들뜬 흥분 속에 비행기가 이륙하고 한 시간쯤 지나니 예쁜 스튜어디스들이 음식을 나누어 주더군요. 음식 맛도 좋았지만 무엇보다 유럽 산 포도주를 달라는 대로 주는데 비행기값 아깝지 않도록 넉넉하게 마셔두었습니다.

반쯤은 유럽 여행에 흥분도 되고 반쯤은 포도주에 취해 흥얼거리다가 살포시 잠이 들었는데, 깨어보니 알래스카의 앵커리지 공항이었습니다. 그 시절에는 우리나라가 중국이나 러시아와 수교가 되지 않아서 대한항공은 아시아대륙을 횡단하여 유럽으로 가는 단거리 비행을 하지 못하고 알래스카를 돌아 북극 상공을 지나 유럽으로 가야 했으니 참 안타까운 일이었습니다.

물론 도쿄에 가서 유럽 국적의 비행기를 타면 몽고와 시베리아를 횡단하는 단거리 여정이 있기는 했습니다만, 그래도 애국한답시고 한국 사람들은 대한항공을 고집스럽게 타고 다니던 시절이었습니다.

앵커리지 공항에 도착하여 규모가 제법 큰 면세점에 들어가니 들리는 소리가 모두 영어뿐이었습니다. 과연 외국에 온 것이었습니다.

서울구경 처음 하는 시골영감처럼 이곳저곳을 기웃거리다가 다시 비행기에 올라 잠시 눈을 붙인 나를 파리의 하늘에 데려다 놓았더군요. 캄캄한 어둠 속에 비행장의 불빛이 작게 보이는데 기내 방송이 착륙을 알리더군요.

'샤르르 드골' 공항. 드디어 유럽대륙에 발을 디딘 것이었습니다.

하지만 19시간이나 비행기를 타고 새벽에 도착하니 20대의 젊은 이코폴로도 무척 피곤하더군요. 밤 비행기로 독일 슈투트가르트에 가는 길에 낮 시간을 이용하여 파리 구경 좀 하자고 스케줄을 그렇게 짰으니 억울한 것은 없었지만 막상 꼭두새벽에 도착해 보니 갈 곳이 없었습니다. 서울처럼 뭐 그런 곳이겠지 생각하면서 우선 사우나탕에 가서 목욕을 하고 아침을 먹은 후 관광에 나서리라 하고 야무진 계획을 세웠습니다. 그런데 처음 온 나라에는 모든 것이 낯설어서 공항 안에 있는 안내소를 찾아갔습니다. 그곳에는 못생긴 금발의 젊은 여자가 서 있었는데 서양 영화에서나 젊은 여자를 보았던 나는 저렇게 못생긴 금발 여자도 있구나 하고 놀랐답니다.

우선 급한 마음에 물었지요.

"사우나를 하고 싶은데 어디 적당한 사우나탕 좀 없소? 새벽에 문을 여는 곳 말이오." 나는 서울에 흔한 불가마 사우나탕을 머릿속에 그리며 물었지요. 그 신기하게 못생긴 아가씨는 고개를 갸웃거리더니

"그런 곳은 없고 지하에 내려가면 화장실 옆에 샤워장이 있는데…."

그러면서 말꼬리를 흐리는 것이었습니다.

나는 속으로 '그러면 그렇지. 프랑스는 선진국인데 최소한 샤워장은 있어야겠지. 암~ 암~.' 그러면서 지하층으로 내려가 샤워장을 찾았습니다.

과연 있기는 있더군요. 화장실 옆에 단칸방처럼 붙은 샤워장에는 고장 난 수도꼭지에서 물이 졸졸 흘러내리는 것이 아마 일 년쯤 방치해 둔 것처럼 보이는 것이 예상과 다를 뿐 선진국 프랑스를 자랑하며 있기는 있더군요.

혼자 투덜대며 그 샤워장을 나오면서 시내에 있는 호텔을 찾아가기로 마음먹었습니다. 돈은 좀 들겠지만 잠시 피곤을 풀기에는 최고의 장소이고, 서울에는 대개 호텔에 사우나탕이

있는 것이 유행이던 시절이었으니까 파리에는 당연히 있을 줄 알았습니다.

택시를 타고 운전기사에게 말을 걸어보는 순간 나는 깜짝 놀랐습니다. 운전기사가 영어를 한마디도 못할 뿐 아니라 나도 불란서어를 전혀 못한다는 중대한 사실을 그때서야 깨달았으니 말입니다. 손짓 발짓으로 사우나가 있는 호텔로 가자고 하니까 사우나라는 말은 알아듣지 못하고 어느 호텔로 가자는 말이냐고 계속해서 묻는 것이었습니다. 답답해진 나는 아무 호텔이나 가자고 했지요. 서울에는 아무 호텔이나 대개 사우나가 있었으니까 말이죠. 그랬더니 택시 기사는 "홀리데이인?"하고 묻는 것이었습니다. "그래 좋다. 홀리데이인으로 가자!"그렇게 우리는 어렵사리 목적지를 정하고 파리 시내를 향해 출발하였습니다.

그런데, 택시가 공항을 막 빠져 나가는 길목에 우리나라 유수 기업들의 이름이 새겨진 대형 지구본이 줄지어 서 있는 것이었습니다. 나는 가슴이 뛰는 것을 느꼈습니다. 거기에는 물론 우리 회사의 것도 있었는데, 수출 한국으로 뻗어가는 자랑스러운 우리 조국의 80년대 모습이었습니다.

그런 감격도 잠시, 이번에는 택시 미터기에서 요금 올라가는 소리가 나의 가슴을 또 세차게 뛰게 하더군요. 서울에서 보던 미터기 오르는 소리보다 두 배쯤은 빨리 철커덕거리는데 그것이 프랑스 프랑으로 나타나니 얼른 머릿속으로는 한국 돈으로 도대체 얼마인지 계산을 해야 했지요. 정신을 몽땅 빼앗기는데 더 기가 막히는 것은 옆으로 힐튼, 프레지던트, 하얏트 등 호텔 간판이 신나게 지나가는 것이었습니다. 이럴 줄 알았으면 시내까지 갈 필요도 없는데 헛고생한다고 생각하니 현기증이 나더군요. 하지만 택시는 이미 고속도로를 들어서 달리고 있었으므로 돌려 나갈 수도 없는 상황이었습니다. 처음 하는 해외 여행을, 더구나 혼자 하고 있었으니 수업료를 톡톡히 내는 순간이었습니다. 그리하여 무려 200프랑(한국 돈 45,000원 정도)이라는 거금을 주고 시내로 들어와 홀리데이인 호텔 앞에 내렸는데 그것은 황당한 일의 서막이었습니다. 이 글을 쓰면서 물가 인상을 감안하여 택시비를 계산해보니 지금 돈으로는 대략 70,000원 정도로서, 작은 출장비 받아 와서 택시비로 뭉텅이 돈을 날리고 나니 주머니가 텅 빈 것 같더군요.

'사우나 한번 되게 비싸게 하네…….'

혼자 투덜거리며 호텔을 올려다보니 호텔은 예상대로 제법 크더군요. 나는 무거운 가방을 끌고 보무도 당당하게 카운터로 가서 사우나탕이 어디냐고 물었습니다. 그런데 카운터를 지키던 잘생긴 코쟁이가 다행히도 유창한 영어로

"사우나탕? 그런 거 없는데요."

"없어? 아니, 없단 말이야? 왜 이런 고급 호텔에 사우나탕이 없지요?"

나는 좀 난감한 표정으로 물었습니다.

"그런 것 우리 호텔에는 안 키워요. 그러니 방을 하나 잡아서 쉬시지요?"

"방을 잡으라고? 나는 오늘 오후에 독일 가는 비행기를 타야 하는데 하루 방값을 내야 한다면 좀 억울하지 않소?"

"하여간 우리 호텔에 사우나탕은 없소. 우리뿐 아니라 파리 전체에 사우나탕이 있는 호텔은 없소."

나는 그 녀석이 눈감으면 코 베갈 사람이라고 확신하면서 공짜로 주는 파리 시내 지도를 하나 얻어서 터덜터덜 호텔을 빠져 나올 수 밖에 없었답니다.

마르코 폴로 선생!

파리에는 아예 대중 사우나는 없고 공중목욕탕도 그 옛날 로마 정권 시절에 만들어진 두 곳(?)뿐인 것을, 프랑스 사람들은 목욕하기를 끔찍하게 싫어하고 그래서 몸 냄새를 감추기 위해 향수가 세계 최고 수준으로 발달했다는 것을 나중에 알았을 때에는 정말 웃지 않을 수 없었습니다.

그 후로 혹시 선물용으로 향수를 살 때면 프랑스 녀석들 목욕 싫어하는 덕에 향수 팔아먹는구나, 때까지 팔아먹지는 않아 다행이라고 생각한답니다.

하염없이 호텔 밖 가로수에 지친 몸을 기대고 시계를 보니 새벽 5시였습니다. 아담한 차도에는 크기가 10센티미터쯤 되는 돌을 촘촘히 깔아 만든 길 위로 가끔씩 차들이 지나가면서 소리를 내는데 그게 또 이해가 되지 않더군요. 돌로 잘 포장되어 있겠다, 위에다 아스팔트만 입히면 소리도 나지 않는 일등 도로가 될 텐데 왜 오톨도톨하게 그냥 두어 타이어도 쉽게 닳고 소리도 시끄럽게 두었는지 이상했습니다. 세계 최고의 도시 파리에 말입니다. 나중에 알고 보니 그 도로는 수백 년 된 기념비적 포장도로라고 하니 오히려 감탄하겠더군요.

앞에서 졸고 있는 신호등이 세 번쯤 바뀔 때 좋은 생각이 떠

올랐습니다.

대개 기차역은 밤새도록 열려 있고, 아마 문을 연 식당이 하나쯤 있을 거야. 거기서 커피나 한 잔 하면서 좀 쉬자. 그러다가 해가 뜨면 다녀 보기로 생각했습니다.

다시 길로 나서서 젊은 택시 기사가 탄 택시를 골라 타고 말을 걸었습니다. 그런데, 그 택시 기사도 한국말은 물론이고 영어를 한마디도 못하는 것이었습니다. 말이 안 통하니 정말 난감하더군요. 용기를 내어 지도를 펼쳐 보이고 중앙역으로 생각되는 지역을 가리키며 그곳으로 가자고 했습니다. 손짓 발짓이 통하여 택시는 금방 어둠에 묻힌 역 앞에 도착하더군요.

광장 저 건너편에 작은 카페가 문을 열고 불을 환하게 밝혀 놓았더군요. 어둠 속에서 광명을 찾은 기분이었습니다. 그때쯤은 들고 다니던 가방이 무거워 어깨가 늘어지고 길에라도 주저앉을 지경이었으니까요.

카페에 들어가 자리를 잡고 앉으려고 하니 덩치 큰 서양 사람들의 체구에 비하여 너무 작은 테이블과 의자가 나를 반기더군요. 우리나라 초등학교 학생들 의자도 이것보다는 크겠다는 생각이 드는, 겨우 엉덩이 반쪽을 붙일 수 있는 작은 의자는 동방 사람인 내게도 작았습니다. 나중에 그곳에 사는 교포에게서 파리에는 거의 모든 아파트가 10여 평 남짓으로 작고, 당연히 가구도 작으며, 사람들 소갈딱지도 그렇게 작다는 우스갯소리를 들었습니다.

뜨거운 우유 한 잔과 빵을 씹으며 날이 밝기를 기다렸습니다. 새벽부터 일터로 나가는 부지런한 남자들이 한두 명씩 카페에 들러 빵과 커피를 사 먹고는 일어나고는 했지요. 그런 사람들을 쳐다보면서 있자니, 과연 내가 프랑스에 왔구나 하는 실감을 하게 되더군요.

역시 파리에도 아침 해는 뜨더군요. 배도 적당히 부르고, 피로도 좀 풀렸고 해서 다시 가방을 들고 밖으로 나왔습니다. 어슬렁거리며 조금 가니 밤에는 확실히 보이지 않던, 서울역만큼이나 큰 역이 보였습니다. 나의 유럽과 인연은 이렇게 시작되었답니다.

루브르의 맨얼굴

파리를 대표하는 것은 모기가 아니라 역시 루브르박물관이더군요.

처음 유럽을 방문했을 때는 파리에 첫발을 내딛었으니 지도를 펴서 일단 루브르박물관으로 방향을 잡았습니다. 워낙 가난한 출장길이라서 대충은 걸어 다니기로 작정을 했지요. 새벽에 도착한 드골 공항에서 시내로 들어와 간단히 아침을 먹은 중앙역에서 루브르박물관은 생각보다 가까운 곳에 있었습니다. 하지만 너무 이른 시간이라서 문은 열지 않았더군요. 마침 광장에 멋진 조형물들이 많아 기념사진을 찍고자 어슬렁거리며 걸어갔습니다. 지나가는 사람에게 부탁하여 한 장 찍고,

다른 석고상 앞에 가서 한 장 더 찍으려고 했더니 카메라를 들고 서 있던 두 명의 중년 남자가 다가와서 찍어 주는 친절을 보이더니 씩 웃으면서 알아듣지 못할 프랑스말로 지껄이면서 자기의 즉석카메라로 또 한 장 나의 사진을 찍는 것이었습니다. 그러고는 무려 150프랑을 내라고 떼를 쓰는 것이었습니다. 사진을 던지듯 주어버리고는 도망치듯 루브르박물관으로 가버렸습니다. 즉석 사진 한 장에 한국 돈으로 25,000원이나 내라니! 한국이나 프랑스나 관광지에는 맨 사기꾼들뿐이더군요. 일본말로 '민나 도로보 데스!(모두 도둑놈)' 입니다.

루브르에 들어가니 새삼 '시대를 건너뛰는 프랑스의 자랑거리' 가 시정잡배들의 빈말이 아니었습니다. "짐이 곧 국가다." 라고 선언했던 절대 권력자 루이 14세의 궁전을 박물관으로 개조하여 세계의 진품을 진열해놓은 그곳은 참으로 대단하더군요. 미술책에서 보던 밀레의 「만종」, 「비너스의 석고상」, 「모나리자」, 이집트의 피라미드에서 강탈해온 석관, 그리고 창고 구석에는 한국의 보물도 몇 점 먼지에 덮여 있다고 하더군요. 뭐랄까, 감격 또 감격이라고나 표현할까요? 자랑스러운 순간을 사진에 담으려고 하니 못 찍게 하더군요. 플래시 불빛에 그림이 변색된다나요. 기념사진 찍기 좋아하는 한국인으로서 몹시 섭섭했지만 할 수 없이 그냥 돌아보고는 나왔습니다.

뭐, 이야기가 나온 김에 인상 깊었던 작품들에 대한 느낌을 말씀드리지요.

밀레의 「만종」은 조그만 액자에 담겨 고즈넉한 농촌의 벌판에서 부부가 성당의 종소리에 감사기도를 드리는 모습입니다. 워낙 유명하니 나도 익히 알고는 있었지만 진품을 보니 중학교 시절에 미술 선생님 얼굴이 겹쳐지더군요. 지평선을 볼 수 없는 한국에서는 그러한 그림을 그리기는 어렵겠고, 그저 산기슭을 넘는 햇살을 그려야 할 텐데 밀레가 한국 사람이었다면 어떻게 그렸을까 상상을 해보았습니다.

「모나리자」는 그림을 완전히 방탄유리관에 밀폐하여 보관하고 있더군요. 물론 5미터 이내 접근 금지였고 말입니다. 별로 잘생기지도 않은 그녀의 은은한 미소는 '소녀시대' 처럼 섹시하지도 않은데 이내 나의 마음을 사로잡는 알 듯 말 듯한 여자의 마음을 세월과 관계없이 나타내고 있었습니다.

「비너스의 석고상」에서 나는 여자의 아름다움이 그 기준을 달리하는 변화를 보았습니다. 몸이 중세의 뚱보에서 그리스

시대로 돌아가면 아담한 젖가슴과 풍만한 하체를 가진 적당한 몸매의 여인이 이상적이었다는 사실에서 시대에 따라 추구하는 아름다움의 기준이 다른 것을 보았습니다. 왜냐하면 루브르의 옆방에는 중세시대를 대변하는 뚱보 여인들의 그림이 얼마든지 있었거든요.

그렇게 미술책에서 본 듯한 대작들이 즐비하게 걸려 있는데 동양에서 간 이코폴로는 그나마 알아볼 수 있도록 가르쳐주신 한성대 미술 선생님을 그리워했답니다.

박물관에는 중세시대의 사실화 중심으로 걸작들이 많았는데, 그런 작품을 그리려면 대단한 재능과 신이 주신 영감이 혼합되어야겠지요. 미술에서 걸작은 그냥 걸작이 아니더군요. 그 앞에 서는 순간 고압 전기에 감전된 듯 문득 서게 하는데 그 이유를 모르겠는 작품이더군요. 나만 그렇게 서 있는 것이 아니고 나이 먹은 사람들이 한참 서 있는 곳에는 뭔가 모르는 성스러운 기운이 어려 있다고나 할까요?

그렇지만 워낙 많은 걸작을 보다 보니 삼 층쯤 올라갔을 때는 다리가 아파서 걸작이고 뭐고 대충 보자는 생각이 들더군요. 역시 걸작도 희소가치가 있게 진열해야 한다는 생각을 했

습니다.

터덜거리면서도 언제 다시 올 수 있겠나 하는 생각에 구석구석 잘도 쑤셔보며 다녔습니다. 지하로 내려가니 이집트에서 약탈해온 석관들이 좁은 계단 옆에 나뒹굴고 있더군요. 피라미드 속에 있었을 석관에는 묻힌 사람들의 시신은 이미 없고 멋지게 조각한 모형이 죽은 사람의 얼굴이라고 하더군요. 고향 땅에서 조용히 잠들어 있는 시신을 내팽개치고 예술적 가치가 있는 석관만 훔쳐온 프랑스 선조들의 잘 나가던 시절이 보이는 듯했지만 그 약탈자들은 지금쯤 하늘나라에서 이집트의 파라오들에게 혼나고 있겠지요.

뭔가 씁쓸한 기분으로 루브르박물관 앞에 있는 광장에 나서니 유리로 만든 피라미드가 있었고, 각종 기념품을 팔고 있더군요. 생각해보면 피라미드는 적어도 오천 년 전에 만들었다는데, 그 정교함이 현대과학으로도 불가사의한 점이 많다고 합니다. 하지만 그 시절 프랑스 사람들은 수풀 속에서 들소나 사냥하며 가죽옷 입고 추위에 떨고 지냈겠지요. 그랬으니 역사의 선진문물에 감탄하면서 훔쳐갔을 텐데, 그들의 '역사가 깊은 나라에 대한 존경심'은 강화도에 있는 조선왕조실록을 훔쳐가는 것과 같은 맥락이겠지요.

그들이 잘 나가던 시절에 세계를 다니면서 총칼 앞세워 훔쳐간 유물들이 즐비하게 진열된 모습을 보면서 약소국가의 서러움을 피부로 느꼈습니다. 많은 신생국가의 젊은이들이 파리로 유학을 오던데 그들은 얼마나 그런 의식을 갖고 있는지, 대학원이랍시고 졸업한 후에는 '프랑스를 사랑하는 사람들의 모임(프사모)'의 회원이 되어 조상들이 프랑스 사람이었을지도 모른다고 괴변을 늘어놓겠지요.

귀국하여 꼭 경복궁을 둘러보면서 역사를 곱씹어 보고 싶은 심정이었습니다.

프랑스의 처녀, 에펠탑

루브르를 구경하고 해가 중천에 올랐을 즈음에 에펠탑을 향해 길을 잡았습니다. 파리는 도시 전체가 예술품이더군요. 숱한 고적이 도로의 양편을 완전히 채웠는데 영어로 이야기해서 'B-E-A-U-T-I-F-U-L!' 이더라고요. 혼자 걸으면서도 고개를 이리저리 돌려 좀 더 많은 풍경을 눈에 넣으려고 애썼습니다. 언제 다시 파리를 구경할 수 있으랴 싶어서였는데 그 후 4번이나 더 파리에 가게 되었으니 생각해보면 세상일은 그렇게 서두를 필요도 없더군요.

한참을 걷다 보니 세느 강이 나타났습니다. 한마디로 실망했습니다.

우선 강의 폭이 한강과는 비교도 되지 않아서 내 고향동네 실개천보다는 좀 크고, 중랑천 크기 정도라고나 할까요? 하지만, 조그만 강인데도 유람선이 그림처럼 떠가니 조금 위안이 되더군요.

에펠탑! 1889년에 파리 만국박람회 기념으로 만들어졌다는 탑에는 정말 100년 전에 이렇게 완벽한 철 구조물을 만들 수 있었을까 하는 의구심이 생길 정도로 완벽하고 멋진 모습이었습니다. 마치 어여쁜 파리의 처녀들 몸매 같다고나 할까요? 신기한 것은 경사면을 따라 엘리베이터가 설치되어 있는데 그게 '에펠'이라는 건축가와 발명가 '에디슨'의 합작품이라고 하니 흥미롭더군요.

엘리베이터로 오르려면 표를 사야 했는데, 얇은 주머니 사정을 감안하여 계단을 걸어서 274미터나 되는 꼭대기까지 올라갔습니다. 다리가 아파 죽을 지경이었지만 오를수록 한눈에 보이는 파리의 아름다운 모습에 다리 아픈 것은 참을만 하더군요. 위에서 내려다 본 파리는 작고 아담한 정원처럼 보였습니다. 무작정 크기만 한 서울과는 확실히 차이가 나더군요. 그저 개발만 좋아하는 서울시장들을 생각하니 피식 웃음이 나왔습니다.

하지만 에펠탑을 건설할 때는 많은 시민들이 멋신 파리를 망쳐 놓는다고 반대를 하였다는데 그렇게 걱정하던 흉물이 지금은 파리를 대표하는 상징물이 되었으니 반대도 함부로 할 것은 아니더군요.

신기한 기분으로 구경하고 탑에서 걸어 내려오니 이번에는 벤치 위에 한 떼의 프랑스 청소년, 소녀들이 어우러져 부둥켜 안고 입맞춤을 하고 있는데 그게 또 영화의 한 장면이더군요. 저토록 남 부끄러운 줄 모르고 소프트포르노를 연출해대는데, 동양에서 온 이코폴로는 차마 똑바로 볼 수는 없었지만 하도 신기하여 곁눈질해보니 소녀가 더 적극적이더군요. 아마 서로 껴안고 있을 공간이 없어서 그러는 것같이 보여 급한 대로 사글셋방이라도 한 칸 얻어주고 싶더군요. 쯧쯧 망측도 해라….

개선문

파리에 갔던 길에 보무도 당당하게 개선장군처럼 그곳에 도착하니 세기의 영웅 '나폴레옹'의 영혼이 나를 맞았습니다. 파리를 상징하는 흰색의 에투알개선문이었습니다. 샹젤리제 거리의 중심에 우뚝 선 모습이 웅장함과 화려함을 함께 보여주어 역시 예술의 도시에서 대표로 뽑힐만하더군요.

1806년에 전쟁의 승리를 기념하여 지었다는데, 멀리서 보아도 개선문과 둘러싸고 있는 여러 조각들이 "일품이구나!" 하고 감탄하게 되더군요.

지나가는 사람에게 어떡하면 길을 건너 저기 갈 수 있느냐고 물으니 지하도를 가르쳐주더군요. 잰걸음으로 건너가 보니 대리석 조각품들이 살아 숨쉬는 듯한 모습이었습니다. 아마 전쟁의 신이 자신의 맨얼굴인 잔인한 전쟁터의 모습을 조금이라도 예쁘게 포장하려고 이렇게 멋지게 깎아 놓았겠다고 생각했습니다.

계단을 타고 옥상까지 올라가 보니 방사형 거리가 한눈에 들어오는데 참 도시계획 잘했더군요. 안내하던 프랑스인에게 물어보니 그 옛날에 여벨몽드라는 도시계획 전문가 시장이 설계한 도시라나요.

샹젤리제 거리도 보이는데 앙상한 가로수 때문인지 유명한 것만큼 아름답지는 않더군요. 하지만 축제 때는 온통 네온사인으로 밝혀 밤이 아름다운 도시를 만든다고 하니 전기 꽤나 들겠더군요. 계단을 내려와 개선문 안에 있는 전시실에 들르니 전쟁터의 여러 모습과 옛날 무기 등이 전시되어 있고, 프랑스의 자존심 '나폴레옹'의 초상화가 건방지게 당찬 모습으로 나를 맞더군요. 그게 좀 역겨워서 다시 내려와 개선문을 한 바퀴 돌며 감상했습니다.

조형미는 역시 프랑스답더군요. 여러 가지 석고상들이 개선문의 둘레에 빵빵 돌려 조각되어 있는데 모두 백인, 즉 서방 사람들 얼굴이라서 좀 이상스럽더군요. 그때 흑인 장병들도 참전했을 텐데 어째 하나도 조각되어 있지 않은 걸 보니 전투에서 공을 세운 사람들은 모두 백인뿐이었던 것 같습니다.

개선문의 아치 형태 문 아래로는 전쟁에서 승리한 사람이나 프랑스에 위대한 업적을 남긴 사람만이 통과할 수 있다고 하는데, 정작 나폴레옹은 죽어서야 통과할 수 있었다고 하니 쓸쓸한 기분이 들더군요. 더구나, 한 사람의 영웅을 그 개선문으로 통과시키기 위하여 죽어갔을 수많은 이름 없는 용사들의 비명소리, 그 가족들의 눈물, 애인들의 비탄과 군사들이 출정하기 전날 마셨을 술집 외상장부까지 대리석 여기저기에 함께 조각되어 있는 것 같아서 그날 나는 결심을 했지요.

'도대체 승리란 무엇인가? 숱한 젊은이가 내몰린 전장에서 겨우 한 명의 영웅이 탄생하는데 그것도 지면 영웅도 병사도 그저 이슬처럼 사라지는 것을 무엇하러 사람들을 유혹하는 개선문을 만든단 말인가? 나는 결코 영웅이 되지 않으련다. 개선문도 만들지 않으련다.'

그렇게 결심하고 나니 홀가분한 기분이 되어 다시 거리로 나섰습니다.

베르사유궁전의 복도

마르코 폴로 선생, 파리 이야기가 나온 김에 베르사유궁전을 말하지 않을 수 없습니다. 산다는 것이 옛날이나 지금이나 항상 비슷하겠지만, 평민은 사는 게 고역이고 왕과 귀족들은 파티가 지겨웠을 부르봉 왕조의 루이 14세 시절에 그 궁궐을 지었다고 합니다. 파리에서 기차로 한 시간쯤 가니 베르사유 마을회관 옆에 있더군요.

왕의 여름 궁전으로 지은 바로크 양식으로 여러 번에 걸쳐 증축되었다고 하는데, 지금은 미술관으로 일반 서민에게 공개되어 있어서 평민 이코폴로도 들어가 볼 수 있었습니다. 아마 1997년 여름이었지요. 그 시절에 프랑스는 절대권력의 시절이기는 했지만, 왕만 위한 집치고는 그 화려함이 상상을 초월하더군요.

수많은 벽화 속에는 사람들과 말이 마치 살아 움직일 것 같은데 경탄 또 경탄하게 했습니다. 제1차 세계대전을 종료하는 평화조약이 이곳에서 조인되었다고 하니 그래도 평화와 좀 가깝다고 느껴지지만 그 궁전을 짓는 것은 결코 평화롭지 못했을 것으로 생각됩니다. 그 시절 왕은 궁전을 짓는 백성들을 단순한 도구로 생각해서 마치 노예처럼 부려먹었으므로 아무리 많은 사람이 죽어나가도 전혀 개의치 않고 또 불러다 쓰면 된다고 생각했답니다. 그래서 매일 많은 사람이 중노동, 질병과 사고로 죽어나가서 궁전이 완성될 때까지 50년 동안 수십만 명이 죽었다고 하니 그게 어디 공사장입니까 참혹한 킬링필드였을 테지요.

'왕의 거실'을 비롯하여 '궁정예배당', '거울의 방', '전쟁의 방' 등 꽤나 유명한 방들은 모두 금으로 도배를 한 듯 아름답고 멋지게 장식되어 있었지요. '어휴, 저 많은 금이 도대체 얼마치야!'

프랑스 혁명 때 단두대의 이슬로 사라진 비운의 왕비, 마리

앙투아네트의 주민등록이 있던 곳인데, 죽어나는 프랑스의 평민과는 상관없이 그 당시의 사치가 어느 정도에 달했었는가를 알 수 있게 해주는 그녀의 방은 더욱 대단하더군요. 400여 장의 거울과 대리석, 샹들리에로 장식된 거울의 방, 마리 앙투아네트의 침실 등은 그 화려함이 극에 달해서 차마 눈뜨고는 못 보겠더군요. 빵을 달라는 파리 시민들의 원성에 마리 앙투아네트는 빵이 없으면 과자를 먹지 왜 빵만 달라느냐고 쫑알거렸다는 것으로 유명합니다.

그런데, 그렇게 수많은 방과 방을 연결하는 데는 복도가 두

대체 없더군요. 복도가 없으니 방마다 문도 따로 없었지요. 그러니 이 방에서 저 방으로 가려면 중간에 있는 다른 방을 통과해야만 했다고 합니다. 그러니 모두 잠든 밤에는 다른 방으로 갈 수가 없어서 저녁 8시 이후에는 궁전 내 통행금지령이 내렸다고 합니다. 재미있는 것은 왕도 이 규율을 엄격히 지켰으므로 사람들이 왕을 일찍 자기 침실로 돌려보내고 싶으면 살짝 시계를 앞으로 돌려놓았답니다. 그러면 왕은 "벌써 시간이 이렇게 되었나?" 하면서 자기 침실로 돌아가 나오지 않았다고 합니다. 어째 그렇게 미련스럽게 설계했는지 이해가 되지를 않더군요. 아마 그 시절 귀부인들은 바람 피우는 것이 대 유행이었다는데 그것을 조금이라도 막아보려고 상호 감시 체제의 방편으로 그렇게 한 것이 아닌가 하고 물어 보았더니 안내원도 잘 모르더군요. 정말 타임머신을 타고 가서 물어보고 싶은 사항입니다.

베르사유궁전의 화장실

그리운 마르코 폴로 선생,

유럽의 궁전은 우리나라의 궁전과 달리 여러 층으로 되어 있습니다. 아마도 우리나라는 대개 단층의 목조 건물 위주로 궁전을 지었는데, 여러 층으로 지었다면 도포자락 휘날리며 위층까지 오르내리는 것이 양반체면에는 어색해서 그렇게 설계했는지 모르겠습니다. 그래도 신라 시대의 황룡사구층탑이 구층이나 되고 남대문의 누각도 여러 층으로 된 것을 보면 건축물의 설계나 시공 기술이 부족하여 다층 건물을 짓지 못해서 그런 것은 아니었을 것으로 보입니다.

하여간, 궁전은 그 시대 최고의 건축, 미술, 인력동원 등 어러 가지 면에서 기록을 경신하면서 지었을 것인데, 베르사유 궁전도 프랑스 최고의 걸작품으로 건축사에 기록되는 멋진 예술품이더군요. 내부는 물론이고 외벽마저 각종 대리석 조각 작품으로 치장되어 있고, 안팍으로 장식된 완벽한 미술품이 왕과 귀족들의 눈을 즐겁게 해주었겠지요.

베르사유궁전 뒤에는 재주 좋은 노트르가 설계한 대 정원이 있는데 사계절 내내 꽃이 피도록 형형색색의 꽃나무를 심어 놓았고, 정원 자체가 거대한 기하학적 구성인데도 지루할 새 없이 분수와 조각을 적절히 배치하여 한나절이 걸려 돌았지만 다리 아플 겨를도 없게 만들어 놓았습니다. 그렇게 산책하다가 넵튠 대분수에 이르면 바다의 신, 넵튠이 땅을 넓히려고 네 마리의 말이 끄는 마차를 타고 막 바다에서 나오는 장면을 조각한 분수가 있더군요. 얼마나 생생한지 반쯤 물에 잠긴 말과 넵튠을 태운 마차가 힘차게 솟구쳐 나오고 있더군요. 말들의 거만하고 힘찬 몸짓과 바람에 휘날리는 갈기, 넵튠의 도전적이고 당당한 표정, 도저히 저들의 육지 침공을 막을 수는 없어 보였습니다.

베르사유궁전에서 또 하나 신기한 것은 그 시절에 궁전 안에는 화장실이 없었다는 것입니다. 신성한 궁전에 화장실같이 더러운 것을 둘 수 없다는 생각 때문이었답니다. 아마 그 시절 왕과 귀족은 끙가도 하지 않고 살았는지 궁금했지요. 물론 사람이니 하기는 했는데, 요강을 사용했다고 합니다. 파리의 야사에 의하면 그들은 비단길을 통해 공급되는 우리나라의 놋쇠 요강을 최상품으로 쳤는데, 연속극 「상도」에서 번창하던 임상옥의 유기그릇 상점의 제품이 파리에서도 최상품이었다고 하더군요. 지금도 유명한 브랜드인 '샤넬'은 '상옥'의 프랑스식 발음이 변해서 된 것이라는 설도 있습니다.

그렇게 임상옥이 납품한 유기요강에 오물을 받아 이튿날 새벽 궁전 문이 열리면 최초로 나가는 마차에 실어 세느 강에 버렸다고 합니다. 어느 시절이나 강은 식수원인 동시에 시궁창의 역할도 하게 마련인가 봅니다.

그런데, 그 시절 여자들의 치마는 마치 커다란 종(BELL)처럼 생겨 바닥을 자동적으로 청소하며 다녔는데, 그런 치마를 들치고 요강에 끙가하는 데는 얼마나 불편했겠습니까? 치마 속에 또 치마를 입었을 텐데 어떻게 걷어 올리고 요강에 앉았을까요? 이상하게 생각하는 내게 안내원이 설명을 하더군요.

작은 어린이가 요강을 들고 치마 밑으로 기어들어가 요강을 받치고 있었다고 합니다. 그 말을 듣는 순간 내 머릿속은 복잡하기 이를 데가 없었습니다. 환기도 안 되고 깜깜한 치마 속에서 요강을 들고 있었을 어린이의 고통, 반쯤 선 자세로 처리했을 여자의 불편한 자세, 또 소변 볼 때는 그게 더 꼴불견이었겠지요. 아차, 잘못하여 요강을 잘못 갖다 대면 치마 속이 온통 물바다가 되었을 테니까요. '아휴 냄새야!'

그 외에도 많은 상상을 했지만 오늘은 여기까지만 하겠습니다.

올림픽의 고향 아테네

존경하는 마르코 폴로 선생님,

이번에는 서양 문명의 발상지, 그리스의 아테네 여행담을 들려드릴까 합니다. 그리스는 올림픽의 고향 나라로서 IOC 본부가 마땅히 있어야 할 텐데 하는 생각을 하며 새로 지은 아테네 공항에 발을 디뎠습니다.

지난 2004년에는 올림픽이 다시 아테네에서 개최되었는데, 올림픽게임이 고향 나라로 돌아온 것이지요.

고대 올림픽을 생각해보면 도시국가의 형태를 유지했던 그리스의 여러 국가들이 그날만은 모두 올림피아 평원에 모여 아테네의 주신인 제우스신께 제사 지내고 여흥으로 체육대회를 열어 즐겼다고 하는데, 아마 그때는 도핑 테스트 같은 것은 없었겠지 하는 생각을 했습니다. 그때만 해도 사람들이 아직은 순박했을 테고, 상금도 변변치 않아 월계관 정도였으니까요.

고대 올림픽(올림피아드)은 BC 776년에 시작하여, 모두 293회에 걸쳐 AD 393년까지 빠짐없이 계속되었다고 하니 길게도 이어진 역사성과 더불어 사람들을 모으는 큰 힘이 되었으니 근대에 다시 부활된 것은 당연하다는 생각입니다. 비록 그리스 사람이 아닌 프랑스의 구베르탕 남작에 의해서였지만 말입니다.

올림픽게임에서 사용되는 성화는 고대 올림픽게임에서 제우스 신전 앞에 성화가 타고 있었다는 고대 기록에서 고안했다고 하는데, 아마 올림픽게임 기간 중에는 도시국가 간의 전쟁도 중단하고 평화를 유지했다고 하니 그런 평화 정신을 상징하는 것이 아닌가 합니다. 오늘날에도 올림픽 기간 중에는 모두 중계방송 보느라 사실 총 쏠 시간도 없으니 전쟁도 당연히 소강 상태가 되기는 합니다.

성화는 게임이 어느 나라에서 개최되든 반드시 그리스의 올림피아에 있는 '헤라' 신전에서 태양열로 채화되는데, 고대 그리스의 흰색 사제복을 입은 여자 사제들이 오목렌즈형 반사경에서 채화하는 모습은 그 자체가 제우스신께 드리는 성스러운 제사처럼 보입니다. 가끔은 성화를 채화하는 장소가 왜 하필이면 제우스의 신전이 아닌 헤라의 신전일까 생각했는데, 헤라는 제우스신의 아내였고, 제우스는 틀림없이 공처가였으니 헤라의 바가지에 못이긴 바람둥이 신, 제우스가 바람 피우던 현장을 헤라신에게 들킨 날 밤에 사건을 무마하기 위해 "당신 신전에서 채화하도록 하지요." 하면서 아양을 떨어서 그런 전통이 생긴 것이 아닌가 합니다. 예나 지금이나 바람둥이 남편들이란 대개 공처가이니까요.

지금은 돌아가신 분이지만, 손기정 할아버지는 베를린 올림픽에서 마라톤을 우승하셔서 일제에 탄압받던 우리 민족의 혼을 일깨우셨는데, 그분께서 세우신 시간 단축 기록은 마라톤 역사상 가장 많이 단축시킨 것이라고 합니다. 배고픈 조선의 청년은 죽어라 하고 뛰었을 테니 역시 헝그리 정신은 삶에서 꼭 필요한 요소인가 봅니다.

손기정 할아버지는 일본 명치대학을 졸업하신 수재로서 운동과 공부를 두루 잘 하셨으니 정말 한국이 자랑할 수 있는 인재 중의 인재이셨던 것은 확실합니다.

그런데 그분의 정기를 이어 받아 황영조 선수가 1992년에 바르셀로나 올림픽에서 금메달을 따냈으니 죽기 전에 태극기를 가슴에 단 후배 선수가 금메달 따는 것을 보고 싶어하셨던 손기정 할아버지의 소원이 이루어졌으니 편히 돌아가실 수 있으셨겠지요. 그해 가을, 그분이 노구를 이끌고 바르셀로나로 가시면서 하시던 말씀이 지금도 기억나는데, 방송 뉴스 기자와 공항에서 만나 인터뷰하시며, "뭔가 일이 벌어질 것 같은 예감이야. 내가 뛰던 날하고 일진이 같고, 황영조의 나이가 내가 금메달 받던 해의 나이와 같거든. 가서 꼭 보아야겠어." 하시더군요. 그리고 결과는 그분의 예측대로 금메달과 월계관이었습니다. 황영조 선수가 마지막 결승점을 향해 뛰어 들어 오면서 팔을 높이 들 때는 온 나라가 흥분의 도가니였는데, 그때의 감격은 지금도 제 가슴을 뛰게 합니다.

서울 올림픽 때는 잠실 주경기장에서 펄럭이던 올림픽기가 유난히도 선명하여 알아보니 그때부터 새로 만든 기를 사용했다고 하더군요. 그 전에는 1915년에 만든 최초의 근대 올림픽기를 계속 게양했었는데 너무 낡아서 새로 만들어 최초로 사용한 도시가 서울이라고 하니 기분 흐뭇하더군요.

올림픽기는 지구상의 다섯 대륙(아시아, 유럽, 아프리카, 오세아니아, 아메리카)을 상징하는 오륜이 국경을 초월한다는 뜻의 흰색 바탕 위에 그려져 있어서 세계가 순수한 스포츠를 통해 하나되었으면 좋겠다는 인류의 염원을 담고 있습니다.

올림픽게임에서 승리하면 상품으로는 올리브나무로 만든 월계관과 메달, 상장이 주어지는데, 월계관으로 쓰이는 올리브 나뭇가지는 아테네에 가보니 정말 끝도 없이 깔려 있는 것이 올리브 나무더군요.

그렇게 흔한 나뭇가지로 월계관이랍시고 만들어주고, 받는 사람은 그것을 대단한 영광으로 생각하니 무엇으로 만드느냐가 중요한 것이 아니고 무슨 의미를 갖느냐가 더 중요한 확실한 본보기입니다.

아마 금메달은 올리브 나뭇가지가 너무 값어치 없어서 보상의 의미로 주는 것이 아닌가 하는데, 그것도 금을 도금한 것에 불과하므로 돈의 가치는 별게 없는 것 같고, 각 국가에서 주는 우승 포상금이 선수로서는 한밑천 잡는 기회가 되겠더군요.

하여간, 서울 올림픽 때 역도에서 금메달을 획득한 슐레이만이라는 선수는 금메달을 따자 그 나라 대통령이 자신의 전용기를 보내서 자기 나라로 모셔가서는 국민적 영웅의 탄생을 알리더군요.

경기에서 우승한 선수의 이름은 경기가 끝난 후 주경기장의 벽에 그 이름을 새겨 오래 기념하도록 하고 있지요. 호랑이는 죽어서 가죽을 남기고, 사람은 죽어서 이름을 남긴다고 하는데, 잠실 주경기장 입구의 벽에도 각 종목에서 우승한 선수들의 이름이 새겨 있어서 정말 영광스럽습니다. 그 선수들의 손자쯤 되는 후손들이 한국에 관광 왔다가 할아버지의 이름이 백 년쯤 지난 후에도 고색창연한 모습으로 새겨져 있음을 볼 때 가슴 벅차 오르겠지요.

고대 올림픽은 군대식 훈련의 성격도 강했다고 하는데, 그때는 전쟁을 칼이나 활처럼 수동식 무기로 했으니 체력이 곧 승리의 지름길이어서 그랬을 것이고, 요즈음에는 전쟁을 컴퓨터 게임하듯 하는 시대이니 청소년들이 피씨방에서 컴퓨터 게임에 몰두하는 이유도 아마 체력보다는 컴퓨터 자판 두드리는 실력으로 전쟁의 승리가 판가름 나기 때문이 아닌가 생각되는군요.

존경하는 마르코 폴로 선생.

선생께서도 그 많은 나라를 다니셨으니 그때 힘 좋던 나라, 원나라 황제를 설득하여 세계적인 청소년 경기대회를 창설하셨더라면 지금쯤 올림픽게임은 그 이름이 아마 '원나라게임'이나 '몽고경기대회'가 되었을 것이고, 그 발상지도 아마 몽고의 대평원이 되었을 뿐이니라 창시자 '마르코 폴로'는 구베르탕의 이름을 대신했겠지요. 동방 사람으로서 아쉬운 일입니다.

아! 푸른 에게 해!

지중해의 햇살이 반짝이는 가을날, 구름처럼 떠도는 이코폴로는 중동을 거쳐 그리스로 갔습니다. 사랑스런 아내와 함께 여행을 하고 싶었지만 사우디아라비아는 여자가 갈 곳이 못되므로 직접 그리스의 아테네로 오라고 비행기를 예약해주고 온 상황이었습니다.

그리스의 수도 아테네에 도착하니 이곳이 바로 서양 문명의 발상지이고 올림포스 언덕에 사는 천상의 신, 제우스를 만날 수 있겠다는 생각에 가슴 설레더군요. 호텔로 가는 길에 보니 아테네 시내는 생각보다 지저분하고 사람들의 행색도 뭔가 세련되지 못하여 옛날 유럽 문명의 발상지가 현대 유럽의 변방으로 추락한 모습이라서 안타깝더군요.

호텔에는 오래된 엘리베이터가 삐걱거리는 소리를 내며 올라가고 방에 들어가 여장을 풀려고 보니 작은 침대에 담요도 낡은 것이 도대체 마음에 들지 않았습니다. 하지만, 거래처 사장이 예약해 준 호텔이라서 그냥 머물기로 했답니다.

그날 오후, 그 회사에 가서 상담을 했는데, 미스터 페트로 사장은 시원시원한 성격의 사람으로서, 급한 성격답게 상담을 하면서 자기가 취급하는 품목에 대하여 해박한 지식으로 예상했던 것보다 훨씬 큼직한 주문을 해주더군요. 그리고는 자기는 바쁘니 한국으로 돌아가라는 눈치였습니다.

'뭐? 돌아가?' 나는 좀 당황하며 그에게 말했습니다.

그리스는 쉽게 올 수 있는 곳이 아니라서 오늘 저녁 우리 마나님이 이곳 아테네로 올 예정이고, 내일부터는 한 이틀 관광을 할까 하는데 안내해줄 수 있겠느냐고 물었습니다. 그는 깜짝 놀라면서 안내까지야 어렵지만 유람선을 꼭 타보라고 권했습니다. 그리고 밤늦게 도착하는 우리 마나님이 탄 비행기의 편명을 묻더니 새벽 한 시임을 알고는 택시를 타고 가서 영접하라고 하더군요. 막상 한밤중에 함께 공항에 가자고 하기에도 좀 미안한 노릇이기는 했습니다. 집에서 헤어진 지 열흘 만에 이국땅에서 내 짝을 만날 생각을 하니 소년처럼 마음이 설레더군요. 해외 여행에 익숙하지 않은 여자가 초행길을 잘 찾아올까 걱정도 되고 혹시 여자 혼자 여행한다고 다른 남자들이 치근대지나 않을까 하고 예쁜 아내와 사는 남편만의 고민에 빠져 있었답니다.

공항라운지에는 여기저기 늦게까지도 죽치고 있는, 생김새가 영 신사라고는 할 수 없는 서방 노숙자들이 동방의 이방인을 호기심 가득한 눈으로 보더군요.

다행히 비행기는 딱 제시간에 왔습니다. 서방인들 틈에 섞여 아내가 나오는데 역시 상대적으로 키가 작으니 한눈에 띄더군요. 서양 사람들이 하듯 꼭 껴안고 키스라도 하려 했지만 워낙 수줍음 많은 아내는 껴안기도 전에 눈치를 채고는 저만큼 비켜나더군요. 공연히 내 두 팔만 멋쩍어서 거두어들이는데 얼굴이 화끈거리더군요. '촌스런 마누라……' 혼자 중얼거리며 짐을 받아 들고 택시에 올랐습니다.

시차 때문에 잠을 설친 이튿날 아침은 호텔에서 우리끼리 밥을 해먹고는 반팔 티셔츠 차림으로 시내 관광을 나갔습니다.

문을 나서자 저쪽 언덕 위에 그림으로만 보았던 파르테논 신전이 보이더군요. 아테네! 서양 문명의 뿌리, 천 년을 넘게 번영한 도시국가, 과연 그곳에 우리 부부가 서 있는 것이었습니다.

아크로폴리스는 도시국가였던 아테네의 중심부에 있는 높은 언덕에 세워진 도시 속의 도시로서, 파르테논 신전이 있습니다. 그때는 무사들이 지배계층을 이루던 시대이니 군사적 사고에 입각하여 방어하기 좋은 언덕 위에 성을 쌓고 도시를 건설하였겠지요. 물론 그들을 보호해줄 신을 잘 섬기는 것은 기본이었을 테니 신전도 멋지게 지었을 것이고 말입니다.

기원전의 아테네는 무역을 통하여 얻은 다양한 문물의 집산지이자 용광로처럼 섞여 찬란한 문화를 창조해내는 고향이었으니 지금도 그 문화유산은 탄성을 지르게 하더군요. 정교하게 다듬어 세운 대리석 기둥과 여러 가지 형상의 조각품들. 그 중 상당수는 프랑스의 루브르박물관과 대영제국박물관으로 시집가 있다고 하니 문화재 약탈은 큰 문제더군요.

파르테논 신전은 BC 479년에 페르시아인이 파괴한 옛 신전 지리에 아테네인이 아테네의 수호여신 아테나에게 바친 것으

로서, 도리스식 신전의 극치를 나타내는 걸작이라고 합니다.

파르테논은 '처녀의 방'이라는 뜻이라는데, 그것은 아테네시의 수호여신이었던 아테나 파르테노스 상을 모셨던 곳이라고 합니다. 원주 기둥이 웅장하고 아름다운 조각품으로 가득찼던 이 신전은 1687년 베네치아군과 터키군의 전쟁 와중에 부서져 오늘날의 앙상한 뼈만 남은 꼴이 되었다고 합니다.

유네스코가 지정한 세계문화유산 1호라고 하니 그리스 정부에 성금을 모아주어 빨리 복원시키고 싶은 생각이 굴뚝처럼 솟더군요.

무너져 내린 거대 기둥을 자세히 보니 직경 2미터쯤에 길이가 또 2미터쯤 되는 원통형 돌을 차곡차곡 쌓아 만들었는데, 위아래 돌이 일 미리 오차도 없이 맞고, 깎고 다듬은 모양이 어쩌면 그리도 정교한지 석공들이 꽤나 수고했겠더군요.

그렇게 신전들을 둘러보고 시내를 한 바퀴 보니 아테네시 전체가 한눈에 내려다보이는데 이곳저곳에 석조 문명을 자랑하는 옛날 고적이 널려 있고 그것들이 모두 BC로 기록되는 시기에 지었다고 합니다. 아무래도 목조 문화의 유산 덕분에 대부분의 선물이나 유적이 없어졌고, 우람했을 것이라는 신라 황룡

사마저 불탄 우리의 역사 유적이 초라한 생각이 들었습니다.

오후에는 페트로 사장이 주선해주어 항구로 나가 유람선을 타게 되었는데 아테네 근처의 섬들을 한 바퀴 휑하니 도는 코스였습니다. 그런데 배가 바다에 뜨자 우리는 깜짝 놀랐습니다. 물이 얼마나 깨끗한지 적어도 10미터 바닷속까지는 아무 이상 없이 보이더군요. 깨끗한 흰색 모래가 바닥에 깔려 있고 그 위에 노니는 조개와 물고기까지 잠수함 타고 여행하는 것처럼 선명하게 보이더군요.

그렇게 한참을 나가자 해안에 있는 마을의 흰색 집들은 어쩌면 그렇게도 쪽빛 바다와 아름다운 조화를 이루는지 우리는 금방 시인이 되었습니다.

힘차게 지쳐 나가던 배는 어느 작은 섬에 닿았는데 그곳에 내리니 로마 시절의 유적이 원형대로 살아 숨 쉬고 해변 마을은 온통 순백으로 칠해져 있어서 마을 자체가 하나의 명품 관광지였습니다. 유람선을 탔던 승객 모두는 탄성을 지르며 마을을 둘러보고, 돈 아까운 줄 모르고 기념품을 샀습니다.

그리스의 신화가 조각된 여러 가지 기념품을 사면서 바다를 내다보니 그림같이 잔잔한 물 위로는 그 옛날 시저의 해군과 안토니우스의 해군이 한판 붙는 장면이 연상되더군요. 미끈하게 잘 빠진 삼단 갤리선들이 여기저기서 불화살을 쏘며 접전하는 모습이 장관을 이루었을 것입니다. 갤리선은 배의 양쪽에서 다수의 노예들이 긴 노를 저어 앞으로 나가는 군선을 말하는데, 「벤허」라는 영화에서 찰톤헤스톤이 노예가 되어 채찍 맞으면서 노를 젓던 바로 그 배입니다.

일차 해전에서 참패한 시저의 해군은 2단 갤리선을 3단 갤리선으로 개조하여 클레오파트라와 놀아나던 안토니우스를 다시 쳐들어가 대승을 거둔 바로 그 바다에 내가 와서 수천 년 전을 회상하는데, 지금도 그 장면이 생생한 것을 보니 아마 나는 전생에서 로마의 해군 장군이었나 봅니다.

"자! 돌격 앞으로! 병사들이여 나를 따르라!"

그렇게 꿈같은 여행을 하고 귀국하였는데, 몇 년 후에 신문의 여행사 광고를 보고 우리 부부는 깜짝 놀랐습니다.

"신혼여행지로 가장 가보고 싶은 곳 1위가 '에게 해 크루즈'라는데 이게 도대체 어디야?" 하고 아내에게 물으니 "글쎄? 에게 해가 어디지?" 하고 아내가 대답하는 것이었습니다. 그래서 신문을 자세히 읽어 보니 바로 우리가 몇 년 전 둘러보았던 그 아테네의 앞바다가 에게 해라고 하더군요.

정확하게는 터키와 그리스 사이에 있는 그 쪽빛 바다, 환상적으로 수 놓인 섬들, 그곳이 바로 에게 해였습니다. 우리는 갑자기 무식한 자신을 탓하며 깔깔대고 웃다가 그 멋진 감청색 바다를 다시 한번 휘돌아 보고 싶은 생각에 내년에는 꼭 다시 가자고 약속을 했지요. 그 '내년'이 몇 번쯤 지났으니 무정한 남편이기는 합니다만, 그래도 결혼 25주년에는 빚을 내서라도 꼭 사랑하는 아내와 구혼 여행을 에게 해로 떠나볼까 합니다.

호헨졸렌성에 두고 온 그리움

제2차 세계대전의 주도 국가였던 독일. 그곳에 처음 발을 디딘 것은 1985년 초겨울이었습니다. 야간비행을 하여 밤 9시쯤 돼서 남부 독일의 슈투트가르트 공항에 내렸습니다. 나치의 히틀러는 가고 없지만 혹시 유태인 학살의 주인공 아이히만의 유령이 떠다니는 것은 아닌가 하고 조심스럽게 비행기 트랩을 내리니 슈투트가르트 공항 청사가 눈에 들어오더군요. 거기서 나는 서방의 모든 것은 크고 웅장할 것이라는 환상을 깨고 말입니다. 마치 시골의 간이역처럼 작은 공항 청사가 제2차 세계대전 때 수많은 전투기가 이착륙 했던 공항이라고는 도대체 상상이 되지 않았습니다.

재미있는 것은, 입국 수속도 매우 간단하였지만 세관 검사는 아예 없더군요. 수화물로 보낸 짐을 세관 밖에서 찾도록 되어 있으니 그 시절만 해도 서슬 퍼런 김포공항의 짐 검사대에서 입국 심사를 받는데 익숙한 이코폴로는 순간 당황하였답니다. 짐을 실은 벨트가 돌아가는 사이에 화장실에 갔습니다. 그런데 남자용 소변기가 높아서 나도 동방 사람으로는 작은 키가 아닌데도 발뒤꿈치를 살짝 들어야 볼일을 제대로 볼 수 있었으니 약간 자존심이 상하더군요.

세관 검색대를 싱겁게 빠져 나오니 제법 많은 사람들이 오고 가는데 모두 신체가 크고, 머리카락이나 눈의 색깔이 제멋대로인 서방 사람들뿐이고, 동방 사람은 내가 유일하더군요. 이방인의 고독이 엄습해왔습니다. 마치 선생께서 원나라에서 까만 머리, 까만 눈의 사람들 속에 혼자 있을 때의 그런 기분 말입니다.

고독한 마음도 친절한 미스터 엥글러의 환하게 웃는 얼굴을 보자 쉽게 풀렸습니다. 그는 28살쯤 된 총각이었는데, 날씬한 몸매에 콧수염을 기른 꽃미남이었습니다. 그가 운전하는 차를 타고 캄캄한 시골길을 따라 1시간쯤 달려 호텔이라는 곳에 도착했습니다. 또 환상이 깨지더군요. 호텔은 2층짜리 작은 건물이었고, 이름 없는 시골구석이 분명했습니다. 하여간 그날 밤은 거기서 여장을 풀기로 하고, 이 층의 방을 안내 받아 올라가니 깨끗하게 청소된 방의 내부가 밖에서 본 호텔의 크기와는 전혀 상관없이 일등급이더군요. 불현듯 호텔 숙박비가 비쌀 것이라는 생각이 들더군요. 출장비라고 타온 여비를 파리에서 예상외로 많이 써서 좀 불안했거든요. 미스터 엥글러에게 호텔 숙박비가 얼마냐고 조심스럽게 물었습니다. 그런데 그의 대답에 나는 감격하여 가슴을 쓸어내렸습니다.

"우리 회사에서 지불하기로 했으니 걱정하지 말아."

"아니, 그럴 필요는 없지 않지 않는데 말이야…."

적당히 말을 얼버무리고 말았지만 그 말 한마디로 그날 밤은 잠을 푹 잘 수 있었지요. 그때 그의 말이 고마운 계기가 되어 저도 해외에서 손님이 오면 가끔은 호텔비를 내가 내주기도 한답니다.

7시간쯤 되는 한국과의 시간 차이 덕분에 새벽에 잠이 깨졌는데 무척 춥더군요. 두고두고 경험한 사실이지만 서방 사람들은 일반적으로 난방에 인색합니다. 호텔방이라는 곳이 너무 추워서 잠을 설치는 정도이니까요. 파리는 물론이고, 겨울에 여행해 본 미국, 한겨울인 9월에 여행했던 호주 등, 하여간 서방세계는 일반적으로 춥게 살더군요.

더 이상 잠을 이룰 수가 없어서 호텔 밖으로 나갔습니다. 호텔 뒤는 높은 언덕이고, 그 위에는 '잠자는 숲 속의 공주'가 살 것 같은 성(城)이 아침 햇살을 받으며 우뚝 서 있더군요.

서양의 성은 한국의 그것과 상당히 다릅니다. 한국에서 성의 개념은 그 옛날 도시를 둘러친 성벽이라고 할 수 있고, 전쟁 때에 방어를 위한 요새인데, 유럽에서 본 많은 성은 언덕 위에

있는 저택으로, 돌로 지은 건축물입니다. 뾰족한 첨탑이 있고 작은 창문이 성벽에 나 있는 아담한 성 말입니다.

호텔 뒤 언덕에 버티고 서 있던 성은 호헨졸렌성이라는데, 어린이 동화책에 나오는 그림 그대로라서 참으로 신기하더군요.

제가 머물었던 그곳은 독일의 남부지방에 있는 헤친겐이라는 작은 마을이고, 호텔은 '브리엘 호프'라고 부르는 유서 깊은 호텔인데 1890년에 세워진 것으로 기억됩니다. '브리엘 호프'는 옛날에 그 지방의 우체국 역할도 했었는지 판화로 각인된 호텔의 역사를 보니 우편 마차가 있고, 지방 우체국이라는 설명이 있더군요. 독일 농촌의 정취가 가득한 그 호텔을 생각할 때마다 잊을 수 없는 것이 두 가지 있는데, 첫째는 식당입니다.

객실이라고는 10여 개뿐인 작은 호텔인데, 식당은 제법 규모가 100명 이상을 수용할 수 있을 만큼 크더군요. 더구나 메뉴판에는 150가지쯤 되는 다양한 종류가 기재 되어 있어서 처음에는 그 많은 음식이 모두 주문대로 나올 것 같지가 않더군요.

"여기서 되는 음식이 뭡니까?" 하고 주문을 받는 배불뚝이 웨이터 아저씨에게 메뉴판을 보여주며 물었을 때 그는 별일이라는 듯 나를 보면서 대답하더군요.

"모두 다."

싱겁게 판정패한 나는 독일어로 된 메뉴를 영어로 번역을 해 달라고 했습니다. 그 많은 요리 중에서 저의 귀를 의심하게 하는 요리가 있었습니다.

"구운 사슴 고기와 감자볶음."

"뭐요? 사슴 고기?"

"그래요, 야생 사슴 고기."

"진짜 야생? 그것 한 접시 주슈!!"

그렇게 해서 야생 사슴 요리를 먹고 나니 힘이 절로 솟는 기분이었죠.

나중에 알아보니 그 호텔은 대대로 물려 내려오면서 경영하고 있는데 지금의 남자 주인은 사냥꾼이랍니다. 그래서 가끔 숲으로 가서 야생 사슴을 사냥해 오고는 한다니 꿈같은 이야기 같더군요. 덕분에 나도 사슴 머리 박제를 기념 삼아 하나 얻어 왔습니다.

두 번째로 잊을 수 없는 일은 '미스 브리게테'의 추억입니다. 바로 사슴 요리를 날라 주던 그 집 딸인데, 우윳빛 피부와 크고 맑은 파란 눈동자, 적당하게 살이 붙은 몸매, 긴 금발 머리가 얼마나 눈부신지 그때 나는 눈을 뜰 수가 없을 지경이더군요. 내가 워낙 미녀를 보면 참지 못하는 성격이라서 용기를 내어 그녀의 나이를 물어보니 21세라고 하더군요. 영어는 유창하지 않았지만 젊은 남녀의 의사소통이야 물론 눈빛으로 하는 것이니 크게 불편하지는 않더군요. 그 호텔에는 3일간 머물었는데, 회사에서 상담을 하다가 식사 때가 되어 무엇이 먹고 싶으냐고 물으면 "물론 브리엘 호프로 브리게테 보러 가자!"라고 해서 그 호텔 식당의 매상을 올리는데 크게 기여했습니다.

독일에서 인상 깊은 것은 대개의 공장이 시골에 산재하여 있을 뿐만 아니라 소규모라는 것입니다. 그 후 10년이 넘도록 유럽을 다니면서 수십 개의 다른 공장들을 방문해 보았는데 모두 그러했고, 도시보다는 산골 구석에 있으니 지방 분권의 전통이 깊은 독일의 특징이라고 합니다.

하루는 엥글러와 함께 담뱃가게에 들렀는데 5평쯤 되는 담뱃가게 안이 온통 세계에서 생산한 200종도 넘는 각종 담배로 가득 차 있더군요. 한국에서는 길거리 가게의 한 귀퉁이에 설치된 작은 진열대 구멍으로 담배를 사는데 익숙했던 나는 충격을 받았습니다. 물론 그때는 독일에도 자판기가 흔하지 않던 시절입니다.

또 다른 것으로, 종류가 많은 소시지입니다. 집집마다 소시지를 만드는 전통이 마치 한국의 김장하는 것 같아서 매우 다양하다는 말을 듣고 일삼아 소시지가게에 들렀습니다. 와! 모양도, 굵기도, 색깔도, 냄새도 각양각색의 소시지가 30평쯤 되어 보이는 가게를 가득 채우고 있더군요. 몇 가지나 되느냐고 했더니 진열된 것만 500가지 정도라고 하니 하품이 나오더군요.

아, 참! 또 하나 있습니다. 맥주입니다. 그게 또 소시지만큼이나 종류가 많다고 하니 한국에서 오비와 하이트, 그리고 최근에 소개된 서너 가지 종류에 만족하던 맥주 광, 이코폴로는 단지 그 이유만으로도 독일이 두고두고 그리워집니다. 독일에 갈 때마다 확실히 맥주 맛이 다른 여러 종류를 이것저것 골라 마셔 보고는 했습니다.

그 후에 독일의 하노버에 전시회 참관 차 갔던 때와, 다른 회사 방문차 독일의 북부를 여행할 기회가 있었습니다. 우선 독일 북부는 지형지세가 남부와는 매우 다르더군요. 즉, 남부는 평야 지대이고 언덕이 가끔 보이는 정도인데, 북부에는 산이 많고 사람들 심성도 무뚝뚝하더군요. 그래도 독일 사람들은 일반적으로 심성이 깊고 친절합니다.

독일 헤친겐에서 상담을 성공리에 마치고 핀란드로 발길을 옮기려니 '브리게테'(프랑스어로는 브리짓드입니다.)가 보고 싶을 것 같았지만, 여행이란 어짜피 그런 것, 더 이상 말도 걸어 보지 못하고 호텔을 나섰습니다.

그리고 3년 후쯤 다시 헤친겐에 가게 되어 어여쁜 브리게테를 그리며 갔는데 그녀는 이미 떠나고 없더군요. 깜짝 놀라 호텔 주인 아주머니에게 어디로 갔느냐고 물었더니 이미 남자와 동거를 시작했다고 하더군요. 그러면서 그녀의 집 전화번호를 가르쳐 주더군요. 전화해도 되느냐고 물었더니 문제없다는 것이었습니다. 쓰라린 가슴을 부여안고 용기를 내어 전화했더니 그녀가 반갑게 응대를 해주더군요. 그래서 만날 약속을 하고는 브리엘 호프 레스토랑에서 만났는데 이미 아이 엄마가 되어 뚱뚱보 독일 아줌마가 되어 있었습니다. 독일을 생각할 때면 브리게테에 대한 생각으로 가슴 설레던 것이 우습게 되고 말았으니 생각해보면 세월 가는 것이 야속하기만 합니다.

독일 사우나탕의 악몽

마르코 폴로 선생!

이왕 독일 이야기가 나왔으니 하노버에서 당했던 웃지 못할 기억을 들려드릴까 합니다. 독일도 남부와 북부는 문화나 지형지세가 전혀 달라서 평야가 많은 남쪽 사람들은 매우 친절하고 상냥한 반면 산악이 많은 북부 독일 사람들은 한반도의 북녘 사람들처럼 말씨도 딱딱하고 표정도 늘 굳어 있는 것이 무뚝뚝한 편입니다.

한 십오 년 전쯤 겨울에 독일 하노버 근처에 있는 공장으로 업무 차 출장을 간 일이 있는데, 친구가 들려주는 말에 의하면 하노버에 남녀 혼탕의 사우나탕이 있으니 한번 가보라는 것이었습니다. 친절하게 이름도 가르쳐주어서 호기심 천국에 사는 이코폴로는 혼자 가는 출장이지만 꼭 그곳에 발자취를 남기고 싶었습니다. 사실, 속마음으로야 독일 여자들의 나이별 체형도 감상할 수 있고, 생물학적 관점에서 동서양의 비교도 할 수 있겠다는 아주 고상한 학술적 탐구정신으로 가슴이 뛰더군요.

호텔에 도착하기가 무섭게 여장을 풀고 시내 지도를 한 장 얻어서 택시를 타고는 그 사우나탕으로 내달렸습니다. 생각보다 규모는 작고 아담한 사우나탕에서는 우선 영어는 전혀 통하지 않고 독일말로 안내를 하는데 뭐 한국과 별로 다를 것이 없어서 옷장에 벗은 옷 넣어두고 시원한 누드로 수증기 자욱한 욕탕으로 들어갔습니다. 물론 슬금슬금 둘러보는 용기를 내보았는데 실망스럽게도 사람이라고는 아무도 없더군요. 상당히 낙담하여 사우나 안으로 들어가니 한 쌍의 늙은 부부가 열기에 몸을 익히고 있어서 그곳이 그래도 남녀 혼탕인 것은 확실히 인정해야겠더군요 '서방 이브들의 원시적 모습— 그 연령별 비교검토' 라는 원대한 꿈이 깨지는 순간이었습니다.

할 수 없이 목욕탕에 들어가 추운 몸을 녹이고 증기 사우나에 들어가 모래시계를 거꾸로 돌려 세우기를 몇 번 했습니다.

그날 저녁에는 따로 할 일도 없으니 시간을 어떻게 때워야 하는지 고민하면서 말이죠.

그런데 사건이 터졌습니다. 왁자지껄한 여자들, 그것도 분명 젊은 여자들의 목소리가 밖에서 웅성거리는 것이었습니다. 차~암 긴장되더군요. 그러더니 한 열 명쯤 되는 말보다 큰 처녀들이 알몸에 수건을 하나씩 달랑 들고는 보무도 당당하게, 뭐가 그리도 재미있는지 깔깔거리며 들어오는데 그게 완전히 볼만하더군요. 드디어 고대하고 기다리던 시간이 온 것이었습니다. 눈을 감고 하느님께 기쁨 주심에 감사드리며 우선 들어오는 처녀들을 한눈으로 둘러보면서 바빠진 심장박동을 느끼는 순간, 동물원의 원숭이는 그녀들이 아니라 바로 동방에서 온 젊은 남자라는 것을 깨닫게 되었습니다. 그 아가씨들 무리는 평소에는 보지 못한, 이상하게 생긴 수컷이 있는데 당연히 호기심이 발동했겠지요. 무슨 처녀들이 부끄러운 눈치는 전혀 없이 동방 남자의 나체를 신기한 눈으로 감상해대는데 정말 죽을 맛인 것은 부끄럼 많을 나이의 독일 처녀들이 아니라 동방예의지국의 늙다리 청년, 이코폴로였습니다. 사실 우리 동방 사람들이야 여자 얼굴을 빤히 쳐다보는데도 전혀 익숙하지 않은데, 더구나 벗은 모습을 보는 것은 그저 마음뿐이지 쉽게 눈을 돌릴 수 없는 것이 현실이니 말입니다. 그런데 어떻게 된 일인지 독일 처녀들은 알아들을 수도 없는 독일어로 동방 청년을 아래위로 세밀히 검토해보면서 품평해대는데, "에게게…" 하면서 깔깔대는 것이 분명했습니다. 얼마나 크게 떠들어 대는지 사우나탕이 금방 시장 바닥이 되더군요.

멋진 추억거리 만드는 꿈에 젖어 남녀 혼탕 구경하러 갔던 이코폴로는 확실한 구경거리가 되어 화끈거리는 얼굴을 감싸 안고 도망치듯 사우나탕을 나와버렸답니다. 그날은 억세게 재수가 좋았다고 해야 할지, 아니면 그 반대인지 지금도 정확한 평가를 못하고 있습니다.

핀란드식 사우나

여행가 마르코 폴로 선생!

이렇게 추운 날에는 사우나탕에서 몸을 녹이면서 친구들과 방담하는 재미가 일품입니다. 사우나 중에는 핀란드식 사우나가 최고인데, 오늘은 핀란드에서 체험한 사우나 이야기를 해볼까 합니다.

핀란드는 사우나의 나라입니다. 남자뿐 아니라 여자들도 좋아하고, 가족단위 사우나도 즐길 정도로 핀란드에는 사우나가 흔합니다. 들리는 말로는 내각의 각료회의를 사우나에서 한다고 할 정도라고 합니다.

하지만 한국처럼 때밀이는 없고 안마해주는 아가씨는 아예 상상도 할 수 없습니다. 그러니 사우나탕에 그런 서비스가 있는 것은 우리나라에서 고약하게 변질된 핀란드식 사우나라고나 할까요?

핀란드의 고전적 사우나는 대개 호숫가에 있는데, 그게 참 신기합니다. 개인이 소유한 사우나는 대개 호숫가에 있는 작은 별장에 부속된 헛간처럼 생겼습니다. 그냥 판자로 얼기설기 지은 작은 오두막 같은 곳이지요. 특징이 있다면 목욕탕이 없이 옆에 있는 호수의 차가운 물이 냉탕 역할을 하더군요.

나의 사업 파트너였던 브라이언 씨는 그 추운 날 사우나 한 번 하겠느냐고 권하더군요. 호기심 많은 이코폴로야 물론 대환영이었지요. 사우나의 원조 나라에 와서 따뜻하게 몸을 익히는 경험을 하지 않고 귀국한다면 오히려 서운할 일이었겠지요.

그는 나를 승용차에 태우더니 자꾸만 숲 속으로 가는 것이었습니다. 나는 쉽게 생각했던 고급 호텔의 사우나탕을 연상하며 갔는데 우리가 도착한 곳은 물이 반쯤 얼은 호수 근처에 작은 별장이더군요. 그는 호숫가 별장이 개인 소유라서 주말이면 가족과 함께 그곳에 와 쉬다가 가고는 한답니다. 근처에 민

가라고는 눈을 씻고 찾아도 없는 한적한 곳이었는데, 핀란드는 전반적으로 그렇게 한적합니다. 그래서 오히려 사람들 북적거리는 것을 싫어하는 핀란드 사람들이 많습니다.

우리가 별장에 도착하자 그는 나에게 핀란드식 사우나를 가르쳐 주었습니다. 사우나를 하려면 우선 팔뚝 굵기의 자작나무를 적당한 길이로 잘라야 한다면서 도끼를 주더군요. 주변에는 온통 자작나무뿐이니 쉽게 나무를 한 무더기 만들었죠. 그래서는 그 나무로 불을 지펴 주먹만한 돌을 불 속으로 던져 넣어서 뜨겁게 달구더군요. 아주 뜨겁게 말입니다. 그렇게 달구어진 돌을 사우나 실에 옮겨서 돌무더기를 만들고는 그 돌무더기 위에 물을 한 바가지 뿌리니 금방 수증기가 방을 가득 채우더군요. 그러니 차가운 바깥 기온과는 달리 사우나실의 내부가 금방 뜨거워지는 것이었습니다. 옷을 훌훌 벗어 던지고는 앞도 보이지 않을 정도의 증기 한증막 속에 십 분쯤 앉아 있으니 금방 땀이 솟기 시작하더니, 이십 분쯤 지나니 땀이 비 오듯 쏟아지더군요. 그는 "자, 이젠 됐어. 가자고!" 그러면서 호수로 향한 쪽문을 열고, 옆에 있는 호수로 뛰어 들더군요. 추운 날씨에 호수의 얼음물로 뛰어드는 것이 미친 짓처럼 보이지만 막상 해보면 시원한 느낌이 얼마나 좋은지 심장마비 되어도 모를 정도였습니다. 차가운 물에 몸이 추워지면 다시 사우나실로 들어가서 돌에 물을 뿌려 수증기를 발생시키고 한참 있으면 다시 땀이 비 오듯 해집니다. 이렇게 서너 차례 반복하니 몸이 날아갈 듯 개운해지더군요. 그러고 나서 차가운 맥주 한 잔 기울이니 그 맛이 참 기가 막히더군요. '역시 이 맛이야!'

인적 없는 호수, 검은 수풀로 둘러싸인 작은 별장, 진한 우정, 사우나로 상쾌해진 기분, 이 모든 것이 한데 어우러져 별천지에 와 있는 듯했던 그날의 기억은 지금도 생생해서 친구들과 가끔 사우나탕이라도 가면 차가운 맥주를 한 잔 마시면서 그날의 감상에 젖어 들고는 합니다.

산타의 고향, 핀란드

핀란드는 어떤 나라일까? 유럽에서도 북쪽 구석에 박혀 있는 작은 나라이니까 아마도 여행 좋아하던 마르코 폴로 선생도 이곳은 보지 못하셨을 것입니다. 거기에는 하얀 피부와 은발의 서방 사람들이 추위에 떨며 살고 있었습니다. 이 사람들은 왜 우윳빛 피부에 머리결까지 하얀색일까 하고 생각해 보았습니다.

그 옛날, 그들의 조상이 눈 덮인 숲에 자리 잡고 눌러앉았을 때 겨울에 구할 수 있는 먹거리는 아마 사냥해서 얻는 동물이었겠지요. 눈 덮인 산야에서 동물들 눈에 띄지 않으려니 자연스럽게 신체의 모든 부분이 흰색으로 진화했을 것입니다. 심지어 눈썹까지 흰색이니 참으로 신의 조화라고나 할까요?

그러고 보니 누런 밀밭에 사는 프랑스 사람들은 머리카락이 노란색이고, 검정 포도밭 속에 사는 이탈리아 사람들은 머리카락이 대개 검정색입니다. 아프리카의 흑인들은 야밤에 사냥을 나가니 가젤의 눈을 속이려고 피부가 까맣다고 합니다. 그런데 시카고에 사는 미국인이 자기는 왜 피부가 검정색이냐고 묻는 데는 할 말이 없더군요.

이야기가 조금 샛길로 갔습니다만, 바이킹족이 유럽을 약탈하려고 배를 띄웠을 핀란드의 앞 바다가 얼어붙은 12월 초에 처음 출장을 갔습니다. 헬싱키 공항에 도착하니 공항은 한가롭더군요.

핀란드뿐만 아니라 일반적으로 유럽은 온통 한가합니다. 인구 밀도가 적은 나라들이라서 그렇다고 이해는 되지만 술집에 가 보아도 한가하기는 마찬가지이니 좀 이상스럽더군요. 마르코 선생의 시절에도 그랬는지요?

나라 이름이 FINLAND(소나무 나라라는 뜻)이니 당연하였지만 길옆으로는 어쩌면 그리도 침엽수림이 울창한지 무척 부럽더군요. 그런 덕분에 핀란드 수출액의 25퍼센트 이상이 펄

프인 것을 알고 놀랬습니다.

핀란드는 호수의 나라입니다. 핀란드는 전 국토 면적의 반이 자연적으로 생긴 호수로 되어 있답니다. 그 옛날 지구의 해빙기에 북극에서 밀려 내려온 얼음덩어리가 지표(地表)를 할퀴고, 땅을 파내려 버려 생긴 호수라고 하지요. 그러니 가는 곳마다 호수인데, 물이 얼마나 깨끗한지 마셔도 되고, 중동국가로 수출해서 생수로 팔아도 되겠더군요.

핀란드는 여러 번 갔었는데, 한여름에 갔던 어느 해에는 헬싱키 근처에 있는 호수에 낚시를 갔었지요. 물이 얼마나 깨끗한지 호수의 밑바닥까지 보이는 물속에 과연 고기가 있을까 걱정되더군요. 그런데 갑자기 팔뚝만한 송어들이 여기저기서 껑충껑충 뛰어 오르는데 한국에서 간 돌팔이 낚시꾼의 가슴을 설레게 하더군요.

또한 핀란드는 산타의 나라입니다. 산타클로스의 풍습은 지금의 터키인 소아시아의 천주교 주교였던 성 니콜라스 성인을 기념하는 풍습으로 발전한 것이라는데, 지금 터키는 회교국이 되었으니 산타와는 거리가 멀고, 아마도 눈의 나라 핀란드가 더 잘 어울리나 봅니다. 생각해보면 눈이 많이 쌓이고, 숲 속에는 사슴도 많으니 루돌프가 끄는 선물을 가득 실은 썰매를 타고, 빨간색 옷을 입은 흰 수염의 할아버지는 분명히 집이 눈 쌓인 호수 근처 어디쯤이겠지요.

핀란드에서는 크리스마스 때가 되면 이런 산타클로스를 관광 상품화해서 떼돈을 번다고 하는데, 산타와 기념사진 한번 찍는데 5달러이고, 눈 덮인 교회에서 산타가 주례 서는 결혼식 올리는데 3,000유로라는 등 제법 비싸게 불러서 폭리를 취하는데도 세계에서 관광객이 넘치도록 밀려온다니 관광 자원이라는 것이 잘 꾸미고 전설을 만들기 나름인가 봅니다.

매년 크리스마스 때가 되면 전 세계의 어린이들로부터 산타 할아버지에게 보내는 주소 없는 편지가 이곳 헬싱키 중앙우체국으로 온답니다.

고사리손으로 크리스마스카드에 소원을 적어 내려가는 어린이들의 예쁜 모습을 상상해보세요. 그리고 그것을 보내야겠는데 산타할아버지의 주소를 모르니 그냥 봉투에는 '산타할아버지께' 라고 써서 보내겠지요. 하지만 집배원 아저씨는 이런 황당한 편지를 버리지 않고 산타의 고향동네 핀란드로 보낸답니다. 나도 올해는 동심의 시절로 돌아가 예쁜 카드에 작은 소망 하나쯤 써서 산타할아버지께 보내볼까 합니다.

로마의 휴일

존경하는 마르코 폴로 선생!

이번에는 선생의 후손들이 사는 이탈리아 여행담을 들려드릴까 합니다.

사실 제게는 치욕스러운 여행으로서 그 후 두 번 다시 이탈리아는 가지 않겠다고 결심했던 계기였습니다. 특히 로마는 인간쓰레기들이 위대한 로마제국의 유물을 울궈먹고 살면서 관광객을 상대로 못된 짓만 하는 그런 곳이었습니다. 이탈리아의 수도가 아니라 소매치기들의 서울이더군요.

내가 처음 이탈리아를 여행하게 된 것은 1986년 여름쯤으로 기억됩니다. 늦은 여름철에 직장 동료와 이탈리아 북부의 볼로니아라는 곳으로 여행하게 되었습니다. 그런데 여행을 좋아하는 나는 언제 또 이탈리아를 가볼 수 있으랴 싶어 일정을 하루 더하여 주말에 로마로 가서 짧게나마 관광을 하고 볼로니아로 가기로 했습니다. 오드리 헵번이 주연했던 영화 「로마의 휴일」을 꿈꾸며 낭만적인 로마를 상상했답니다.

그러나 로마에 도착하는 순간부터 우선 호텔 문제로 곤욕을 치러야 했습니다. 공항에는 매우 친절한 중년 남자들이 뜨내기 여행객을 첫눈에 알아보고 잡아채더군요. 우선, 로마는 일년내내 관광객으로 넘쳐나므로 예약 없이 왔다는 우리들의 순진한 솔직함에 아주 심각한 표정으로 고개를 갸우뚱거리는 것이었습니다. 그들의 허풍에 겁을 잔뜩 먹고는 그가 잡아주는 호텔에서 공항을 왕복하는 무료 셔틀버스에 올랐습니다.

호텔에 도착하니 규모가 제법 크고 깨끗한 호텔이어서 안심했지요. 하지만 예약이 꽉 차서 방이 없다더니 호텔 로비가 거의 텅 비어 있었고 저녁 때 본 구내식당마저 손님이라고는 우리들뿐이었습니다. 로마는 그렇게 환영인사를 하더군요.

우리는 출발하기 전에 이탈리아를 여행했던 경험자들에게 이탈리아에서 조심해야 할 일들에 관하여 물어 보았는데, 가장 많이 해주는 말이 소매치기를 조심하라는 것이었습니다. 더구나, 호텔도 믿을 수 없으니 소지품을 조심하라는 것이었지요. 호텔에 여장을 풀자 우리는 우선 여행 경비를 여러 곳에 분산하여 가지고 있자고 합의하고 옷에도 조금, 가방에도 조금씩 여러 곳에 분산 배치를 완료했습니다. 잃어버려도 모두 잃어버리는 일은 없도록 하기 위해서 아이디어를 짠 것입니다. 그러고 나니 좀 안심이 되고 구경을 다닐 용기가 나더군요. 그때 시간이 오후 1시쯤 되었습니다. 그래서 호텔 로비로 내려가 호텔에서 주선하는 단체관광버스에 몸을 실었습니다.

로마! 한마디로 기가 막히더군요. 파리가 고적의 도시요, 중세의 아름다움을 자랑한다면, 로마는 유럽 문명의 어머니로서 모든 세기를 망라하는 고적과 예술의 도시이더군요. 부서진 돌기둥마저도 로마의 혼을 담고 숨 쉬는 듯했습니다. 2,000년 전의 옛날에 어떻게 저리도 훌륭한 조각과 건축물을 만들 수 있었는지 경이로울 따름이었습니다.

시저의 궁전은 화려했던 옛날을 웅변하고 있고, 콘스탄틴의 아치는 조각품의 진수를 어김없이 보여주고 있는데 동방에서 간 촌놈은 그저 벌어진 입을 다물 수가 없었답니다. 콜로세움

은 그날 본 로마의 여러 걸작품 중에 최고의 것이었습니다. 악명이 지금까지도 높은 네로황제가 엄지손가락을 거꾸로 들어 '죽여라!' 하고 자못 근엄하게 표정 지었을 모습이 쉽게 상상되더군요. 그 옛날 지은 콜로세움이 아직도 웅장하고 아름다운데, 서울 올림픽의 상징 잠실운동장은 2,000년 후에 어떤 모습일까 걱정되더군요.

그날은 그곳이 단체관광의 마지막 코스여서 구경을 마친 우리는 콜로세움을 나오자 아직 중천에 남아 있는 해를 보며 하루를 아쉬워했습니다. 그런데 바로 우리가 묶는 호텔 건물이 저편에 보이는 것이 아닙니까! 우리 두 사람은 이왕 해도 남았으니 걸어서 호텔로 가면서 시내구경도 하자고 쉽게 합의를 했습니다.

그런데 그것이 화근이었지요. 시내 방향으로 50미터쯤 걸어 내려가는데 10여 명쯤 되는 아이들이 우리를 유심히 쳐다보더니 우르르 달려들어 나의 양쪽 팔을 잡고 늘어지면서 무어라 알아들을 수 없는 말로 지껄여대는데 도통 영문을 알 수가 있어야지요. "애들아 왜 그러니?" 저는 점잖게 유창한 영어로 말해 보았지만 막무가내였습니다. 그러다가 갑자기 아이들이 우르르 물러서는 것이었습니다. 기분이 이상하더군요. 순간 나는 주머니를 더듬어 보았지요. 깨끗하더군요. 지갑은 물론이고 동전 한 닢까지 아주 깨끗하게 주머니 청소를 해놓았더군요. 만약 누군가가 이탈리아의 소매치기란 유럽을 떠돌아다니는 집시 아이들이라고, 더구나 떼로 몰려다닌다고 말해 주었더라면 훨씬 더 조심을 했을 겁니다. 그런데 어린이를 방정환 선생님만큼이나 좋아하는 이코폴로는 차마 어린이들이 그런 짓을 하리라고는 상상도 못했습니다. 그런데 더욱 기가 막힌 것은 주머니가 청소되었다는 것을 알아챈 순간 아이들을 잡으려고 달려드니 우르르 도망을 치기 시작하는데 몇몇 녀석들은 알아들을 수 없는 언어로 결백을 주장하고, 작은 계집아이는 치마까지 들추어가며 없다는 시늉을 하는 데는 그 아이들의 가정교육 운운하는 것조차 사치스러운 걱정이겠더군요. 더욱 기가 막히는 것은 불과 20미터 앞에 경찰관 2명이 낄낄대며 구경만하고 있었다는 것입니다. 마르코 폴로 선생! 도대체 로마 병사의 그 기백과 정의감은 어디로 가고 선생의 자랑스러운 후예들은 경찰관이 되어 백주 대낮에 관광객이 강탈당하는 현장에서 킬킬대며 구경만 할 수 있는 것입니까? 물론 경찰관에게 항의를 했지요. 그랬더니 그들은 서툰 영어로 말하더군요.

"미안하지만, 그것도 로마의 풍물 중 하나랍니다. 더구나 당신처럼 말끔한 신사복을 차려 입은 동양인은 표적이지요." 호텔에서 옷 갈아입기가 귀찮아 넥타이 차림으로 그냥 나온 것이 또한 화근이었습니다.

그렇게 해서 그 경찰관하고는 더 이상 이야기가 되지를 않겠다는 것을 알고 할 수 없이 터덜터덜 호텔을 향해 내려오는데 다른 경찰관이 보였습니다. 혹시나 하는 마음에 전후 사정을 말했더니 왜 그놈들 코뼈를 부수어놓지 않았느냐면서 경찰서로 가는 길을 그려주더군요. "그럼 그렇지. 그래도 경찰관인데…." 생각하며 경찰서를 찾아 들어갔습니다. 걱정했던 것 보다 순경들은 매우 친절했습니다. 그 시절 한국의 순경 아저씨들 보다는 훨씬 더 말입니다. 나의 설명을 듣던 그 경찰관은 한참 동안 컴퓨터 자판을 두드려대면서 열심히 조서를 꾸미더니 드디어 저에게 서명을 하라는 것이었습니다. 저는 속으로 쾌재를 불렀습니다. 이제야 뭐가 좀 되는구나. 이제 경찰 아저씨들이 곧 잃어버린 돈과 지갑을 찾아주겠지 하고 마음이 놓이더군요. 그런데 순경 아저씨 가라사대 이젠 되었으니 가보라는 것이었습니다.

"아니, 가라니? 물건은 안 찾아주고?" 나는 따져 물었지요.

"어떻게 찾아?" 순경이 이상한 사람 다 보겠다는 듯이 말했습니다.

신경질이 나서 다시 물었지요.

"그럼 조서는 왜 썼냐? 더구나 세 장씩이나?"

"응, 한 장은 보관하고, 한 장은 상부에 보고 하고, 한 장은 한국 대사관에 통보할 거야."

"뭐라고? 한국 대사관? 물건도 못 찾아주면서 동네방네 소문 내냐? 이코폴로가 바보처럼 당했다고!"

나는 화를 벌컥 내고 경찰서를 나와 버렸습니다.

그런데 이렇게 대낮부터 돈을 강탈당하고 순경에게 농락당한 것은 마르코 폴로 선생의 조국, 이탈리아에서 겪을 뼈아픈 체험의 서막(序幕)에 불과했습니다. 역사의 찬란한 유적의 도시 로마에서는 이것보다 더 괴로운 체험이 동방의 신사를 기다리고 있었으니까요.

호텔로 돌아온 우리는 우선 돈을 세어 보았습니다. 잃어버린 액수야 애당초 돈을 분산시켜 두었던 덕분에 100달러에 불과하였지만 회사에서 빠듯한 출장비를 타온 우리들 말단직원들이야 어디 가슴 쓰리지 않았겠습니까? 다시 돈을 재분배하여 여러 곳으로 나누어 두고는 낮잠을 좀 자고 나니 그래도 기분이 풀리더군요. 호텔의 촛불 밝힌 레스토랑에서 이탈리아식 저녁식사를 하고 방에 올라와 TV를 보고 있노라니 알아들을 수도 없는 이탈리아 말에 무료해지더군요. 그래서 호텔 주위라도 한 바퀴 돌아보자고 하여 간단히 옷을 차려 입고 밖으로 나갔습니다. 로마시 당국은 전기를 절약하려고 하는지 호텔 주변은 비교적 중심가임에도 불구하고 가로등도 희미하고 거리는 침침했지요. 길모퉁이에는 커다란 키의 백인 거지가 중절모자를 뒤집어 들고 구걸을 하고 있었습니다. 어린 시절 서방 사람들이 보내준 강냉이 죽으로 연명하던 이코폴로는 백인들이 모두 부자일 것이라고 막연하게나마 배우고 자란 6·25세대이므로 밤거리에서 처음 본 서양 거지가 참 신기하더군요. 거리를 어슬렁거리며 어디 선술집이나 포장마차라도 없나 하고 두리번거리는데 어떤 백인 남자 두 명이 지도를 들고 유창한 영어로 이름도 처음 듣는 어느 곳을 가는데 알려달라고 하는 것이었습니다. 물론 나도 로마는 처음이지만 친절한 한국인의 기질은 어쩔 수가 없더군요. 함께 지도를 보며 이야기를 하다 보니 그들은 스위스에서 관광 온 사람들인데 어느 술집을 찾아 가는 중이라는 것이었습니다. 친절한 한국 사람들을 만나 반갑다면서 한 잔 사겠다는 제의는 심심하던 우리에게 부처님 말씀이었습니다. 그래서 생각 없이 그들과 함께 우리 일행은 택시를 타고 한참 갔습니다. 어느 후미진 골목에 간판도 희미한 술집으로 들어가게 되었는데, 뭔가 이상한 기분은 들지만 뭐 별일 있으랴 하는 생각에 따라 들어갔지요. 안락의자에 자리를 잡고 앉으니 멋쟁이 이탈리아 아가씨들이 우르르 나와 우리 일행 옆에 하나씩 앉는데 한국의 룸살롱 분위기더군요. 이탈리아에도 이런 밤문화가 있구나 생각하며 우선 맥주로 입을 즐겁게 했지요. 처음 만난 스위스 아저씨들에게 얻어 마시는 입장에서 너무 비싼 양주로 주문할 수는 없잖아요? 술이 몇 순배 돌아가자 제법 취기도 오르고, 컴퓨터회사에 다니는데 아르바이트로 나왔다는 옆자리 아가씨를 기분 좋게 부둥켜안고 부르스도 한 곡 밟았지요. 낮에 있었던 아픈 기억은 이탈리아 처녀의 가슴에 묻혀 눈 녹듯이 사라지더군요.

'오! 이탈리아는 좋은 나라. 잊지 못할 로마의 밤이여!'

그런데, 그런데 말입니다. 뭔가 자꾸만 이상한 기분이 들었습니다. 분명 처음 만난 사이여야 할 스위스 아저씨들과 이탈리아 술집의 주인은 서로 아는 사이인 듯했습니다. 그러자 갑자기 내 머릿속이 바쁘게 돌아가더군요. 함정에 빠진 쥐 꼴이 된 것입니다. 술이 확 깨더군요. 급히 함께 간 동료와 뭔가 이상하다는 사인을 주고받고는, 정색을 하며 이제 그만 가보겠다고 했습니다. 그러자 주인은 곧 술값 계산서를 가져다 주더군요. 그래서 스위스 아저씨들 눈치를 보니 각자 먹은 술값은 각자 내자는 것이었습니다. 어이가 없더군요. 하지만 거기서 말다툼한다는 것은 부질없는 짓일 뿐 아니라 더 나아가 마피아의 고향에 뼈를 묻을 수도 있다는 생각이 들더군요. 순순히 술값 계산서를 받아 보고 우리는 '으악!' 하고 비명을 질렀습니다. 수학 시간에 배운 '천문학적 숫자'가 거기 적혀 있더군요. 우리는 당황한 표정도 역력히 만세를 불렀습니다. 주머니를 까 발려 보이며 두 사람 모두 합하여 200달러뿐임을 선언했습니다. 물론 "크레디트카드 같은 것은 우리 동양 사람, 몰라요"를 연발하면서….

30분 이상을 실랑이 해보았지만 더 나올 게 없는 것을 눈치챈 '주인 강도'는 자기 자가용에 기사를 붙여 줄 터이니 호텔에 가서 잔액을 달라고 하더군요. 물론 'yes!' 라고 대답했지요. 오직 그 상황에서 탈출하고 싶은 생각뿐이었으니까요. 주인 강도는 친절하게도 리무진에 우리를 태워 보내주더군요. 호텔에 도착한 우리는 급히 프론트 카운터로 달려가서 경찰을 불러달라고 요구했습니다. 그래도 공권력이 술집의 강도 같은 주인보다야 공정할 것 같은 생각에서였습니다. 상황이 이상해지는 것을 눈치챈 리무진 기사는 시끄러워질 것이 귀찮은지 그냥 유유히 사라지더군요.

그날 밤에는 꿈속에 일단의 마피아 단원들이 기관총으로 무장하고 술값을 받으러 쳐들어오는 꿈을 꾸며 잠을 설쳤습니다.

문제는 이튿날이었습니다. 이제 남은 돈을 계산해 보니 출장 목적지인 '보로니아'에서는 여인숙에서 자고 싸구려 빵만 먹으며 지내야 겨우 지낼 수 있는 여윳돈뿐이었습니다. 그날은 오전에 성 베드로 성당을 관광하고 오후에 '보로니아'행 비행기를 탈 예정이었지만 관광할 기분도 아닐뿐더러 돈도 없어

우리는 일찌감치 공항으로 가려고 짐을 챙겨 호텔을 나왔습니다. 이제 택시는 탈 엄두도 못 내고 공항 가는 버스정류장을 물어, 무거운 짐을 들고 끙끙대며 한참을 걸어 싸구려 버스에 몸을 실었습니다.

돈을 아껴야 하기 때문에 아침을 굶었지만 공항에 도착해서는 도저히 배가 고파 참을 수가 없더군요. 비행기를 타면 공짜로 음식을 줄 테니 조금만 더 참기로 하고 우유 한 잔을 둘이 나누어 마시며 허기진 배를 달랬습니다. 그때의 처참한 기분을 마르코 선생은 이해하시겠지요? 실크로드를 여행하면서 여러 번 배고파 보셨을 테니까요. 비행기 트랩을 오르며 우리는 로마 땅에 힘차게 침을 뱉어 주었습니다.

"우라질 로마야! 지옥에나 가라! 개 같은 놈들!"

'로마의 휴일'은 그렇게 침으로 얼룩졌습니다.

알딸딸에어라인

로마의 휴일을 악몽으로 보내고 볼로니아 공항에 도착하니 거래처의 사장 딸, 빅토리아 부인이 남편과 함께 마중을 나와 주었는데, 사실 우리는 그때 처음 만나는 사이였습니다. 혹시 마피아 사촌이나 짚시의 후예는 아닐까 하고 유심히 살피니 좋은 사람으로 보였습니다. 가슴을 쓸어내린 후 짐을 찾아 나오면서 로마에서 당한 바보 같은 일을 고백하고 돈을 좀 빌려 달라고 했습니다. 그들 부부는 대단히 미안해하면서 이탈리아 사람을 대표하여 사과를 하고 호텔 숙박료를 자기 회사에서 지불하겠으니 마음 편히 쉬라고 하더군요. 그 말을 하는 그녀의 모습이 성모 마리아 같더군요. 덕분에 편히 지내며 일을 잘 보았습니다. 물론 근처에 널려 있는 포도밭을 다니며 맛보다 취하기도 했지요.

그런데 이탈리아에서의 곤욕은 아직도 끝나지를 않았더군요. 우리들의 귀국 일정은 볼로니아에서 이탈리아 항공사인 '알이탈리아에어라인' 비행기를 타고 파리 '샤르르 드골' 공항에서 다시 '대한항공' 비행기로 갈아타도록 되어 있었습니다. 이럴 경우 파리에 도착하여 다음 비행기를 탈 때까지는 두 시간 정도의 여유를 갖도록 시간표를 짜서 왔지요. 분명 '알이탈리아에어라인' 비행기는 '샤르르 드골' 비행장으로 가기로 되어 있고, 파리에 도착하여 2시간 30분 후에 '대한항공' 비행기가 출발 하는 것으로 비행기표에도 확실하게 써 있었지요. 우리는 여유 있게 볼로니아 공항에 나가 탑승 수속을 마치고 스낵코너에 걸터앉아 스팀으로 쪄주는 커피도 있구나 생각하며 '에스프레소' 한 잔을 음미하면서 이탈리아에서의 마지막 추억 만들기를 하고 있었답니다. 그런데 우리가 탈 비행기가 출발 시간이 지나도록 탑승을 시키지 않는 것이었습니다. 슬슬 걱정이 되더군요. 승무원을 다그쳐 보았으나 그들은 어깨를 으쓱대며 두 손바닥을 보이고는 좀 기다리라는 것뿐이었습니다. 그러더니 무려 출발 시간을 40분이나 지나 이륙을 하는 것이었습니다. 당황은 되었지만 그래도 파리에서 한 시간 이상 여유가 있으니 괜찮다고 생각했지요.

비행기는 알프스 산맥을 넘어 북북서로 방향을 잡았습니다. 만년설이 덮인 알프스 산맥은 위에서 보아도 장관이더군요. 하여간 이탈리아 국경을 넘자 우리는 한숨을 크게 쉬었습니다. 로마에서의 불쾌했던 기억도 차츰 잊혀지고 긴장이 풀리자 잠이 들었습니다. 한참을 잔 것 같은데, 기내 방송 소리에 잠을 깨어보니 착륙 예정을 알리고 있었습니다. 드디어 파리로구나 생각하면서 비행기 창 밖을 내다보았습니다. 그런데 내려다 보이는 공항이 '샤르르 드골' 공항보다 규모가 훨씬 작은 것이 이상해보였습니다. 날씨가 나빠서 이탈리아로 다시 돌아왔나 하는 걱정이 되어 남자 승무원에게 물었습니다. 꼭 마피아의 단원처럼 보이는 그는 방송을 못 들었느냐고 되물으면서 우리 비행기가 파리의 '오를리' 공항으로 왔다는 것이었습니다.

"뭐? 오를리? 그게 어딘데? '샤르르 드골' 공항에서 멀어?"

나는 경악하며 물었습니다.

"셔틀버스로 40분 내지 한 시간 거리입니다."

"뭐요? 한 시간?"

"그런데 어째서 비행기는 드골 공항으로 아니 가고 이리로 왔소?"

"사정이 생겨서…… 하여간 무료 셔틀버스가 있으니 그걸 타고 드골 공항으로 가시오."

'뭐라고? 이 개 같은 이탈리아 놈들아! 이제 한 시간 내에 어떻게 다른 공항으로 가서 비행기를 바꾸어 타란 말이냐? 여비도 다 털려서 더 이상 지낼 경비도 없는데!'

참으로 난감했습니다. 늦게 출발한 비행기는 엉뚱한 비행장에 내려서 도저히 서울행 비행기의 출발 시간 전에 '샤르르 드골' 공항까지 갈 수가 없어 보였습니다. 더구나 그 시절에는 우리 한국인은 프랑스에 가려면 비자가 필요한데 '오를리' 공항에서 '샤르르 드골' 공항을 가려면 시내를 관통해야 하므로 비자가 없는 사람은 임시 비자를 공항에서 받아야 했지요. 그러니 비자 받을 시간도 계산에 넣어야 했습니다. 조직폭력배 같은 '알이탈리아에어라인' 항공사 직원이야 항의하는 우리에게 두 손바닥을 보이며 어깨를 으쓱할 뿐이니 도대체 도움이 되지를 않았습니다. 어떡합니까, 급히 임시 비자를 발급한다는 창구를 물어 뛰어갈 수 밖에요. 그곳에 갔더니 20명쯤 줄을 서서 기다리는데 단 한 명의 프랑스 순경이 비자 발급 업무를 하고 있었고, 그 순경마저도 수상한 젊은이의 몸 수색을 하고 있었습니다. 속은 타지요 미치겠더군요. 사무실 안으로 들어가 순경에게 사정을 말하고 빨리 비자부터 처리해 줄 것을 부탁했습니다. 한참을 듣고 있던 순경이 씩 웃더니 "그건 당신 사정이고, 나는 보시다시피 바쁘니 기다리시오" 하고 말하는 것이었습니다. 순경에게 항의하는 사이에 사람은 더 늘어서 30명쯤 되어 있고 나는 다시 맨 뒤로 가 줄을 서니 그 기분이 얼마나 황당하였는지 상상이 되실 겁니다.

마르코 폴로 선생!

이게 모두 선생의 후손들이 운영하는 '알이탈리에어라인'의 엉뚱한 비행기 운항의 결과가 아니고 무엇이겠습니까?

하여간 얼굴은 당황하여 화끈거리는데 우리 동방의 아줌마 세 명이 어슬렁거리며 내게 다가오더니 한국말로 한국에서 왔느냐고 묻더군요. 그들도 나와 같은 경우에 처했는데 한국말만 할 줄 안다며 내게 도움을 청하는 것이었습니다. 그리하여 우리는 5명의 국제 미아가 되었고 나는 팔자에도 없는 미아 인솔 단장이 되었지요.

결국은 한참을 기다려 비자를 받아서 셔틀버스를 타고 '샤르르 드골' 공항으로 갔습니다. 물론 도착했을 때는 서울행 비행기 출발예정 시간을 한 시간쯤이나 지나고 있었습니다. 이미 대세가 기울었지만 혹시나 하는 마음에 대한항공 탑승 수속 카운터로 몰려갔지요. 한 사람도 없이 텅 빈 카운터가 우리를 비웃고 있었습니다. 급히 옆 카운터에 있는 다른 항공사 직원에게 급한 사정을 말하고 어찌해야 좋을지 물었습니다. 두말없이 탑승구 쪽을 가리키면서 "RUN!(뛰어라!)" 하고 외치더군요. 그렇지 'RUN' 이야! 우리는 보따리 많이 가지고 다니는 한국 아줌마들 짐까지 나누어 들고는 초능력으로 뛰었습니다. 다행히 서울행 비행기는 마지막 탑승객을 태우고 있었고, 우리 일행은 비행기 꼬리를 겨우 잡을 수 있었습니다. 가까스로 자리를 잡아 앉자 그제서야 긴 한숨이 나오고, 서울에 다 온 기분이었습니다.

귀국하여 단골 여행사 직원에게 '알이탈리아에어라인' 의 웃지 못할 경험을 말했더니 그 직원의 대답이 걸작이었습니다.

"아니 그거 몰랐어요? '알이탈리아에어라인'은 결항 많기로 유명하고, 승객 짐 엉뚱한 곳으로 보내서 애태우게 하고 말이죠. 하여간 여행사 직원들 사이에서는 뭐라고 부르는지 아세요?"

"그래? 뭐라고 부르는데?"

"'알딸딸에어라인'이라고 불러요. 술 취한 놈처럼 알딸딸하거든요."

그의 한마디에 이탈리아에서 지낸 시간들의 모든 것이 이해되는 순간이었지요. 그 후부터는 외국에 갈 일이 있으면 항공 스케줄을 짜주는 여행사 직원에게 꼭 당부하는 말이 있답니다.

"알딸딸에어라인은 안돼!"

인류의 창조

바티칸 대성당 옆에는 교황님의 사택이 있고, 전용 성당이 있는데, 시스틴 성당이라고 부릅니다. 천주교는 신자들이 세계 공통으로 한 곳만 바라보게 되어 있는 덕분에 바티칸은 언제나 만원입니다. 넘쳐나는 순례객을 비집고 시스틴 성당으로 들어갔습니다. 문맹자가 대부분이던 중세시대에는 그림으로 사람들을 가르쳤는데, 성경의 내용을 미켈란젤로가 그렸다는 그림들이 높은 천정에 있었습니다. 그림책에서 자주 보았듯이 아직도 그 정교한 색감과 아름다움이 명작다웠습니다.

그 중 가장 인상에 남는 것은 천지를 창조하신 하느님께서 아담을 만드시고 혼을 넣으시는 모습인데, 하느님의 손가락

끝과 아담의 손가락 끝이 닿는 순간의 모습이었습니다. 하느님은 흰 머리에 흰색 수염을 바람에 날리면서 태반을 닮은 구름을 타고 오시어 자신의 검지 손가락을 근육질의 청년, 아담의 손끝에 접속하시더군요. 찡하는 순간에 내 가슴에도 생명이 짠하고 로그인 되더군요. 미켈란젤로가 하느님을 뵈었을리야 없고, 아마 자신의 얼굴을 하느님으로, 자기 아들을 아담으로 그려 넣은 것이라는 낭설에 수긍이 가는 순간이었습니다. 그 그림을 좀 더 자세히 보면서 나는 고개를 갸우뚱했답니다. 성경책 첫째 페이지에 보면, 하느님께서는 자기를 닮은 꼴로 하여 최초의 인간을 만들었다는데, 어찌하여 아담의 사타구니 사이에 고추를 만드셨는지 그게 궁금했습니다.

아니, 하느님께서도 고추가 있으셨나? 아니면 며칠 후 만드실 이브를 밤마다 위해주라고 미리 예견해서 만드시었나? 궁금하기 짝이 없었습니다. "미켈라젤로, 당신이 아담을 봤어? 봤냐고? 당신의 아들 고추 맞지? 사실대로 말해 보라고!" 하며 옛날로 돌아가 웃으며 묻고 싶은 그림이었습니다. 이브를 창조하시는 그림도 옆에 있는데, 잠든 아담의 옆구리에서 뚱보 이브가 일어나는 모습이 아담의 갈비뼈를 취해 만든 것은

확실한가 봅니다. 그런 상황에서도 하느님과 아담의 발가락은 김동리의 소설처럼 역시 닮았더군요.

그날은 자가용 구름을 두고 오셨는지 그냥 땅에 서서 이브를 만드시더군요. 미켈란젤로 시절의 미녀는 기본적으로 뚱보였다고 하는데, 우리집 아내를 보는 듯하여 내가 바로 이브와 살고 있구나 하고 하느님의 호의에 감사했답니다.

하여간, 이곳의 모든 벽화에 나온 인물들은 대개 나체였는데 너무 망측해서 16세기 후반부터는 40여 명의 앞을 보고 있는 중요 인물화에는 허리띠 등을 그려 넣어서 중요 부분을 가렸다고 합니다. 다행히도 하느님은 처음부터 늘어지는 패션의 구식 옷을 입고 계시더군요.

이런 세계적 명작을 하필이면 천정에 그렸으니 동방에서 간 이코폴로도 할 수 없이 고개를 바짝 들고 올려다 볼 수밖에 없더군요. 어느새 고개가 아파지기 시작하는데 머리를 스치는 또 하나의 의문은 과연 미켈란젤로는 고개가 아파서 어떻게 저 많은 그림을 이렇게 자세히 그렸을까 하는 생각이었습니다. 아마 목 디스크 치료 전문의라도 교황님께서 붙여 주셨을까 하고 걱정이 되더군요. 이럴 줄 알았더라면 우리 과천의 정형외과 의사라도 보낼 걸 그랬구나 생각했습니다. 과천에는 명의들이 많으니까 크게 도움이 되었겠지요.

바티칸에서 떠돌아다니는 말에 따르면 미켈란젤로는 일을 맡긴 교황청과는 사이가 좋지 않았다고 하는데, 주로 급료가 너무 적고 제때에 주지도 않아서 불만이 많았지만 교황님의 명령이라서 거역하지 못하고 투덜대면서 그림을 그렸답니다. 심통으로 입이 나온 미켈란젤로는 회계 담당자였던 비아조 마르티넬리를 그림 속 지옥의 심판관 모델로 삼으면서 그의 고추가 뱀에 물린 형상으로 그려서 후대에 길이 남는 복수를 했다고 합니다. 하여간, 어느 회사에서나 회계 담당은 깐깐하고 돈 잘 안주는 것이 통례이건만 미술가였던 미켈란젤로는 역시 예술가답게 돈 만지는 사람의 입장을 잘 이해하지 못하였나봅니다.

바티칸에서 고해성사를

로마에서 호되게 당한 후 이탈리아를 다시는 가지 않겠다고 결심했지만 그 후에도 사업상 가끔 로마를 가게 되었습니다. 역시 로마는 유럽의 중심 도시이니 이래저래 가게 되더군요.

그곳에 있는 작은 공화국, 바티칸과 인연을 맺게 된 연유는 내 나이 사십에 월급쟁이를 때려치우고 청운의 꿈을 안고 시작했던 사업이 일 년도 못 되어 쫄딱 망했고, 몸과 마음이 처절한 지경에 이르러 천주교에 이 한 영혼을 의탁하게 된 이후입니다.

천주교가 개신교와 크게 다른 것은 우선 술과 담배를 즐기도록 허용해 준다는 것과 고해성사를 보게 한다는 것입니다. 물론 천주교에서도 술과 담배를 허용하기는 해도 정신을 잃거나 남에게 폐를 끼칠 정도로 심하게는 못하게 합니다마는 아예 못하게 하는 한국의 개신교보다야 천만다행이지 뭡니까.

존경하는 마르코 폴로 선생!

선생께서도 그러셨겠지만, 천주교에만 있는 제도인 고해성사를 하는 것은 마치 도살장에 끌려가는 기분입니다. 그래서 도덕적 범죄가 많이 줄어드는 역할을 하기는 합니다만 내 죄를 스스로 고백한다는 것, 그것도 치부만 골라서 다른 사람 귀에 대고 속삭인다는 것은 역시 쉬운 일은 아니지요. 아무리 신부를 신의 대리인으로 인정한다 해도 말입니다.

착한 천주학쟁이 이코폴로도 예외 없이 한 달에 한 번쯤은 '네 죄를 네가 알렸다!' 하고 고함치는 포도대장 같은 우리 신부님 앞에 나가 들릴 듯 말 듯한 목소리로 고해를 하고는 합니다. 워낙 목소리가 목구멍으로 기어들어가는 날이면 "좀 크게 말씀하시지요." 하고 점잖게 말씀하시는 신부님 목소리에 나의 목소리는 처음만 조금 높아졌다가 다시 기어들어가고는 한답니다. 그 덕분에 고해성사하기 싫어서라도 죄를 짓지 않으려 노력합니다만 그게 참, 술만 마시면 술집 아가씨 가슴을 더듬고 싶은 욕망을 주체하지 못해 고해성사 할 짓을 하고는 했답니다. 그리고는 망설이다가 성체를 받아 먹지 못하고 미사만 드리고 나오는 일요일이 여러 번 지나가면 그때서야 크게 마음을 먹고 고해성사를 하고는 하지요. 마르코 폴로 선생께서는 무슨 일로 주로 고해성사를 할 수 밖에 없으셨는지 몰라도 유사한 내용의 고해를 같은 신부님께 하게 되니 불행히도 신부님은 목소리를 기억하셨다가 매우 혼을 내시는데, 장막 속의 신부님 목소리를 듣는 기분은 차라리 "저 놈을 매우 쳐라!" 하고 외치는 고을 원님의 노기 어린 목소리보다 무섭게 느껴진답니다. 그래서 고해소에 들어가시는 신부님을 보고 전에 고해 받으신 신부님이 아니기를 기다렸다가 고해한다거나 다른 성당에 가서 고해성사를 하는 눈치도 세월에 비례하여 늘더군요.

한 번은 큰 맘먹고 고해소에 들어갔는데 참 재수 없이 호랑이 같은 송 신부님 목소리가 고해소에서 들리는 것이었습니다. 미리 고해소에 어느 신부님이 들어갔는지 챙겨 보지 않은 덕분이었지요. 순간 난감한 기분이 들었지만 다시 나갈 수도 없어서 은유법을 총동원하여 죄를 고백하였지요. 그런데 신자들의 은유적 언어를 해석하시는데 전문가가 되신 송 신부님의 긴 한숨이 바닥으로 내려꽂히더니 "또입니까? 이젠 죄의 사슬을 끊으세요! 그리고, 죄를 보속하는 뜻에서 오늘 저녁에는 아내에게 푸짐한 외식을 시켜주세요."라는 말씀이었습니다. 그래서 그날 저녁에는 비상금을 모두 털어 가족을 데리고 교외로 나가 푸짐한 갈비로 외식을 했습니다. 순진한 마누라야 영문도 모르고 그저 좋아하기만 하더군요. 저는 속으로 순진하고 착한 마누라를 주신 하느님께 감사, 또 감사를 드렸습니다.

"하느님, Thank you so much!"

이야기가 엉뚱한 곳으로 흘렀습니다마는 작년에 로마에 다시 간 것은 순전히 비행기를 갈아타기 위해서였습니다. 그런데, 시간이 8시간쯤 남으니 이왕이면 바티칸에 가서 교황님 계신 집 구경이라도 할 욕심이 생기더군요.

전에 로마에서 혼난 경험이 있어 당연히 모든 짐을 공항 안에 있는 짐 보관소에 맡기고 청바지에 티셔츠 차림으로 시내로 들어가는 기차에 몸을 실었습니다. 흐린 날씨에도 불구하고 세계의 관광객은 로마로 쏟아져 들어가더군요. 그러니 지난번 로마 여행에서 내게 바가지를 씌운 이탈리아의 사기꾼들에게는 일년내내 대목이겠지요.

시하칠을 타고 바티칸 근처에서 내려 조금 걸어가니 역시 웅장한 교황님의 저택이 파란 녹이 슨 지붕을 이고 서 있더군요. 아! 바티칸의 베드로 대성당이었습니다. 넘쳐나는 관광객을 비집고 베드로 대성당으로 들어가니 드넓은 광장마저 발디딜 틈이 없더군요. 여기저기 스위스에서 뽑아온 교황의 호위병사들이 중세 스타일의 군인 복장을 하고 날카로운 눈매를 부라리며 서 있는 모습이 역사의 시계를 거꾸로 돌려놓은 듯했습니다.

대성당 안에서는 여기저기 구석마다 미사가 진행되고 있었습니다. 그러니 도대체 어디로 가서 미사에 참석해야 하는지 알 수가 없더군요. 한 곳씩 가서 자세히 들어보니 각각 다른 언어로 미사를 드리는 것이었습니다. 교황청을 처음, 그것도 혼자 방문한 이코폴로는 참 신기한 생각이 들어 혹시 한국말 미사는 없나 하고 기웃거렸습니다. 대부분 미사가 중간이상 진행 되고 있어서 군중을 빠져 나와 다른 구석으로도 어슬렁거리며 가 보았습니다. 그랬더니 여기저기 사람들이 무릎을 꿇고 중얼거리는 모습이 보였습니다. 이상하게 보여서 가까이 가보니까 칸막이 안에 계신 신부님에게 고해성사를 하는 것이었습니다. 칸막이 위에는 언어를 표시해 놓아서 영어, 프랑스어, 이탈리아어, 스페인어 등 참으로 여러 나라 말의 간판이 있더군요. 신부님께 고해성사를 하는 것은 어느 신부님께 하든 그 효력 면에서 같으니 이코폴로도 잔머리를 굴려 이곳에서 밀렸던 고해성사를 다 털어놓고 가야겠다고 마음먹고 'English' 라고 팻말이 붙은 고해소 앞에서 줄을 서 기다렸답니다. 양심상 내가 모르는 언어로 고해하여 신부님을 속이는 일은 더 큰 죄가 될 것 같아 독일어나 프랑스어 팻말 앞에는 서지 못했습니다.

드디어 내 차례가 왔는데 착한 생각만 머리에 담고 사는 이코폴로이다 보니 죄에 관한 단어를, 더구나 영어로 외워둔 것이 별로 없어 난감했습니다. 다행히도 무릎 꿇은 자리와 신부님이 앉은 곳까지의 거리가 제법 멀어서 대충 아뢰어도 자세히 알아듣지는 못하실 것 같아서 안심이 되는 묘한 상황에서 열심히 중얼거렸습니다. 사실, 영세 받은 이후로 그 동안 찜찜했던 모든 사항, 한국에서 고해성사하면서 적당히 얼버무려서 마음이 찔렸던 것까지 속 시원하게 털어 놓았지요. 생각해보면 바티칸에 계신 외국인 신부님을 다시 뵙게 되는 불상사는

없을 것이고, 서툰 영어로 중얼거리는 것을 제대로 알아듣지도 못하셨을 것이며, 더구나 우리 성당 송 신부님처럼 그런 내용을 기억했다가 다음에 포개서 혼내실 일은 없을 테니 참으로 천만다행한 찬스가 아니겠습니까?

한참 자신에 관한 죄상을 낱낱이 고백했더니 신부님도 지루하신지 하품을 하시면서 잘 알아듣지 못할 말씀으로 죄값을 보속하라고 명하시는데 자세히 알 수는 없었고, "열 개"라는 말씀은 확실히 들리더군요. 도대체 무엇을 열 개 하라는 말씀인지 다시 물을 수도 없고 해서 그냥 베드로 대성당을 나오면서 보니 기념품 가게가 줄을 지어 있더군요. 문득 기념품 열 개 사다가 우리 성당 식구들 주라는 말씀이었나 보다 하는 생각에 거금을 들여 묵주 열 개를 사서 들고 나오는데 그 기분은 마치 목욕탕에서 때를 말끔히 씻고 나오는 상쾌함 바로 그것이었습니다.

혹시 이 글을 읽으시는 천주교 신자께는, 특히 고해성사에 알레르기가 있으신 형제님들에게는 한 번쯤 권하고 싶은 바티칸 관광입니다.

밀라노 풍경

존경하는 마르코 폴로 선생,

이탈리아는 그 옛날 유럽을 호령하던 로마제국의 후예였지만 중세를 거치면서 여러 토후국으로 나뉘었다가 19세기에 가리발디가 통일을 했다지요. 북부지방의 중심도시 밀라노는 산업이 가장 발달한 지역답게 지금도 금융과 패션을 선도하고 있다고 합니다. 옛날에 그 지역이 강성했던 흔적이 '두오모'라는 이름의 대성당으로 남아 있습니다.

규모뿐 아니라 모든 조각들의 정교함과 아름다움이 시대를 뛰어넘는데, 문제는 비둘기들이 여기저기에 꿍가를 해서 대리석이 부식하고 상한다고 합니다. 이런 문세를 근본적으로 해결하기 위하여 전용 대리석 채석장을 운영하면서 필요할 때마다 대리석을 캐다가 적당한 크기로 잘라 원형대로 조각하여 다시 붙인다고 합니다.

성당의 지붕까지 올라 보니 대리석판으로 지붕을 덮어서 튼튼함과 아울러 아름다움을 오래 간직하게 했으니 설계한 사람의 혜안이 빛나는 장면이었습니다.

지붕 꼭대기 첨탑에는 황금으로 도금한 성모상이 우뚝 서서 밀라노 시내를 내려다보며 하느님의 영광을 여인의 부드러운 손으로 비추는 듯 하였습니다.

지하에는 왕관과 위대한 보물이 진열된 작은 방이 있습니다. 왕관은 금으로 만들었으니 꽤나 무거웠을 텐데 아마 그 시절 왕은 목 디스크로 고생 꽤나 했겠다는 생각이 들더군요.

성당 안팍으로 2,000개가 넘는 크고 작은 조각품들이 있는데, 하나같이 예술성이 뛰어나 소더비경매에 붙이면 천정부지로 값이 나가겠지요. 하지만 일년내내 쏟아져 들어오는 관광객이 쓰고 가는 돈이 엄청나고, 마르지 않는 샘일 테니 오히려 그대로 간직하는 것이 더 가치 있겠다는 생각이 들었습니다.

다빈치가 그렸다는 「최후의 만찬」을 보려고 마리아 성당을 찾았는데 이미 입장권이 매진되어 볼 수는 없었고, 근처 가게에 진열해 놓은 모조품을 보면서 위로를 삼았답니다. 그림 속 만찬장에는 12사도가 있는데 유난히도 가롯유다만 흑인인 것을 보면 인종차별은 그 시절부터 시작된 것이 아닌가 합니다. 기록에 의하면 유다는 귀족이었고, 예수가 왕으로 집권하면 장관자리 하나는 따놓은 당상이라고 생각하여 예수 뒤를 따라다녔다는데, 유다는 아마 전형적인 로마인이거나 적어도 중동의 백인이었을 텐데 하면서 고개를 갸웃거렸습니다. 그림 속에는 예쁜 여인처럼 생각되는 요한의 모습이 예수님 옆에 수줍게 있더군요. 바로 이 모습 때문에 그 사람은 요한이 아니라 막달라 마리아라고 『다빈치 코드』에서는 주장하고 있지만 그 시절로 돌아가 확인할 수 없으니 안타깝더군요. 하여간, 그렇다면 요한은 어디 있나요? 잠시 포도주 가지러 심부름 갔을까요? 아마 『다빈치 코드』 책 팔러 갔는지도 모릅니다.

비스콘티성은 규모가 꽤나 큰 그 지역 왕의 저택이었는데, 나중에 방어적 개념의 성으로 개축했다고 합니다. 둘레로는 깊은 함정을 만들고, 벽은 성채로 만들어 요새화 했는데 모두 대리석이 아닌 벽돌로 지었다는 것이 신기하더군요. 벽돌 굽

느라 고생했음은 물론이고 근처에서 나무를 벌목해다가 벽돌을 구웠을 테니 그 공해가 엄청났겠지요. 하여간 정치인들이란 그저….

성 안에는 박물관이 있어서 그 시절의 유물을 전시해 두었더군요. 철제 갑옷은 입으면 너무 무겁고 칼을 휘두르기 불편했을 텐데 전쟁터를 달리던 장군들의 복장치고는 별로 좋지 안더군요. 이런 갑옷은 대장장이들이 철판을 달구어 계속 두드려 얇게 펴서 만들었다고 하는데 땀 흘린 자국이 갑옷에 배어 반짝이고 있었습니다. 병사들은 가느다란 쇠사슬을 엮어 만든 갑옷을 입고 있었는데 과연 칼이 뚫지 못했는지 모르겠으나 팔다리를 휘두르며 전투하기에는 오히려 철판갑옷보다 좋았겠다는 생각이 들었습니다. 칼과 창, 근세에 쓰던 권총과 장총까지 사람 죽이는 기구가 다양하게 전시되어 있어서 권력을 상징하더군요.

걸어서 시내구경을 하다가 하도 다리가 아파 전기로 작동하는 버스를 타고 돈을 내려 했더니 운전수가 돈을 받지 않으면서 차표를 사서 탔어야 했다나요. 뜻하지 않게 무임승차를 한 꼴이 되었지만 관광하면서 마신 포도주값에 다 포함되었으려

니 하면서 미안한 마음을 달랬습니다.

밀라노 중앙역에 가 보니 서울역과는 규모가 다른 엄청난 대리석 건물이 우리를 압도하더군요. 정문 위로는 날개 달린 근육질의 말을 젊은 청년이 데리고 있는 대리석 조각상이 양쪽으로 버티고 있는데 곧 날아오를 것 같아 한참을 기다렸지만 그 모습 그대로 서 있기만 하더군요.

궁금한 것은 그 시절에 무슨 도구가 있어서 저렇게 큰 조각을 그토록 정교하게 만들었는지 대리석의 나라 이태리 석공들의 솜씨가 부럽더군요.

하루 종일 뜨거웠던 해가 지자 거리는 사람들로 넘치고 레스토랑마다 커피 향이 진한데 동방에서 간 이코폴로는 거리의 카페에 앉아 포도주 한 잔을 기울이며 낭만에 젖어보았습니다.

평화를 지키는 나라 스위스

서울 올림픽이 있던 1988년 겨울에 독일에서 업무를 마치고 아우토반을 신나게 달려 스위스 취리히로 가야 했는데, 길을 잃어 알프스 산속을 헤매게 되었습니다. 왕복 2차선 도로가 산골 깊은 곳까지 잘 포장이 되어 있어서 운전하기가 어렵지는 않았지만, 한참 가다가 우리는 "어서 오십시오. 여기서부터는 프랑스입니다." 라고 쓰여 있는 작은 간판이 보였습니다. 그런데 불과 10분도 못 가서 산모퉁이를 돌아가니 다시 "어서 오십시오. 이곳부터 스위스입니다."라고 쓰여 있는 간판이 있더군요. 그리고 다시 산모퉁이를 돌아서니 "어서 오십시오. 여기서부터는 독일입니다." 라고 쓰여 있는 작은 간판이 얼굴을 내밀더군요. 웃기더군요. 하여간 그 산골을 빠져 나오기까지 독일, 프랑스와 스위스의 국경 간판이 여섯 번쯤 반복하여 지나다가 큰 길로 나왔지요. 아마도 옛날에 전쟁을 할 때 산골 속의 국경이 그렇게 뒤죽박죽이 된 모양입니다. 그래서 그 산골 속에는 국경이 바뀔 때마다 국어가 달라서 아이들이 옆 마을로 놀러 가면 다른 언어를 사용해야 되는지 궁금하더군요.

우여곡절 끝에 산속을 빠져 나와 독일과 스위스의 국경을 지나는데 난데없이 멀쩡한 도로 가운데에 바리케이드를 땅속에 묻어 놓고 스위치를 누르면 바리케이드가 일어나 도로를 차단하도록 되어 있더군요. 그게 탱크 장애물로서, 독일이 쳐들어올 것에 대비한 것이라니 다섯 나라와 이웃하며 평화를 지켜내야 하는 스위스의 고민을 대변하고 있더군요.

국경 도시 '바슬'을 지나 '취리히'에 도착하니 그곳은 흰 눈이 온 세상을 덮고 있는데, 한 국가의 수도치고는 매우 작은 도시라서 좀 우습게 보이더군요. 하지만 무언가 고색 찬란한 기분을 주는 도시였고, 식당마저도 옛날 물건으로 장식되어 있어서 재미있었습니다. 프랑스보다는 통이 큰 사람들이 사는지 의자도 제법 큰 것을 쓰고 있었지요. 사람들은 일반적으로 잘 웃고 친절하였으며 거리도 매우 깨끗하더군요.

'취리히' 에서 흥미로운 것은 '마약 공원' 이라는 곳이었습니다. 지금 그 공원의 공식적인 이름은 기억나지 않지만, 사람들은 '마약 공원' 이라고 부른다니 그렇게 기억합니다. 아니 마약하고 무슨 인연이 있기에 도시의 허파인 공원을 그렇게 험한 말로 부르나 하여 일삼아 들어가 보았지요. 추워서 그런지 사람들은 많지 않았는데, 사람들은 여기저기 벤치에 앉기도 하고 눕기도 한 모습으로 멍한 눈빛이 되어 마약에 취해 있더군요. 그곳은 마약을 하는 사람들에게 개방된 장소로서 마약을 단속하지 않는 지역이라고 합니다. 여기저기 떨어져 있는 일회용주사기가 보이고 백인 남녀들이 환상 속의 천국을 헤매는 그런 곳을 정부가 용납하는 것이 도저히 이해가 되지 않았습니다. 그런데 정부의 입장에서는 차라리 그렇게 한 곳을 개방하여 놓으면 오히려 통제하기가 편리하다고 하니 스위스에서는 마약이 상당히 널리 애용되는 것은 아닌가 하는 생각이 들고, 평화를 사랑하는 나라이라서 마약에 취한 평화마저 사랑하는지 묻고 싶었습니다.

마르코 폴로 선생의 『동방견문록』에는 그 옛날, 페르시아 지방(지금의 이란)의 '물레헤트'에는 젊은이들에게 '핫씨씨'라는 마약을 먹여 사람들을 죽이는 자객 짓을 하도록 했다는 '산의 노인'에 관한 기록이 있는데 그게 1200년대 후반쯤이니 마약에 관한 한 인류의 역사는 꽤 오래된 것 같습니다.

'취리히'에서 일을 마치고는 주말이 되어 스위스의 남부 지역에 있는 도시 '제네바'로 가서 거기 사는 친구의 가족들과 주말을 보냈습니다.

우선 제네바는 공항이 프랑스 땅인데, 빌려서 쓰고 있다고 할 정도로 프랑스와 인연이 많은 곳이더군요. 그 지방은 옛날에 프랑스에서 독립하여 스위스연방에 합류했다고 하며, 기념동상으로 두 여자가 책을 들고 함께 서 있는 조각이 시내 가운데 우뚝 서 있더군요. 아니, 합한다는 의미라면 남녀가 함께 서 있는 것이 이상적일 텐데 웬 여자만, 그것도 매우 풍만한 몸매의 여자 둘을 동상으로 만들었는지 좀 이상하게 보이더군요. 이곳 사람들은 동성애를 좋아하나?

하여간 24개의 주로 이루어진 스위스. 그러나 면적이래야 우리 한국, 그것도 남한의 절반 정도에 불과한 그곳에 세계 평화의 본부인 유엔 유럽 본부가 있다고 하니 참으로 영세 중립

국답다는 생각이 들었습니다. 바로 그 유엔 본부가 제네바에 있다고 하니 평화를 사랑하는 나, 이코폴로는 당연히 방문하여 기념사진이라도 한 장 찍어야 했지요. 그날은 금요일 오후라서 유엔 유럽 본부는 조용했는데 본부 건물 앞에 있는 지구본 조각품은 정말 일품이더군요. 제1차 세계대전이 끝나고 스위스의 한 귀족이 자기의 저택을 '국제연맹' 사무실로 기증한 것이라는데, 제2차 세계대전 이후 다시 국제연합(UN)의 유럽 본부로 사용하고 있다고 합니다. 아마도 그 땅을 기증한 귀족은 대단한 부자였던 모양입니다. 엄청나게 넓은 정원과 주변이 예쁘고 평화롭게 가꾸어져 있어서 누구나 그곳에 한번 가면 가슴속에 평화의 마음이 용솟음치겠더군요.

이튿날에는 88올림픽 유치에 감사의 표시로 '국제 올림픽 조직위원회(IOC)의 위원장' 인 '사마란치' 위원장과 점심식사라도 한번 할까 해서 '로잔' 에 갔지요. 그 유명한 로잔은 우리나라의 읍소재지 정도로, 유명한 것과는 거리가 멀게 작을뿐더러 올림픽위원회 건물은 상상했던 것에 비하면 초라할 정도로 작은 3층(?) 짜리 건물에 불과하더군요. 실망은 했지만 건물이나 도시의 크기가 중요한 것이 아니고, '사마란치' 위원장에게 감사의 표시를 하는 것이 그날의 방문 목적(?)이었으므로 점잖게 들어가 비서에게 찾아 온 용건을 말하고 면담을 요청하니 마침 그분은 고향인 스페인에 어머니 뵈러 가고 안 계시다고 하더군요. 올림픽위원회 사무실에서 '사마란치' 위원장 대신 여비서와 기념사진을 한 장 찍고 나오며 서울 올림픽에 관한 여러 사진이 복도에 진열된 것을 보니 정말 가슴 뿌듯하더군요. 아! 아! 대~한~민~구~욱~!!을 조용히 외쳐 보았습니다.

돌아오는 길에 보니 많은 가정집들이 언덕 위에 그림처럼 서 있는데 그 집들의 창문 베란다에는 꽃이 예쁘게 핀 화분들을 진열해 놓고 '관광 스위스'를 유감없이 보여 주었습니다.

그날 오후에는 레만 호에 친구 용민 군의 가족과 함께 놀러 가서 바비큐를 해먹으며 스위스에서 생산된 포도주를 한 잔 했습니다. 호수의 맑은 물이 낚시질하는 시민들과 한데 어우러져 있는데, 자연과 인간과 신의 음료수, 포도주의 그윽한 향기에 친구의 진한 우정까지 섞여 내 가슴에 잔잔한 감동으로 물결치더군요. 문득 행복이란 이런 것이구나 하고 느끼며 하느님께 감사드렸답니다.

알프스에 펄럭이는 태극기

그 동안 유럽의 거의 모든 지역을 한 번씩은 최소한 다녀본 셈인데 흥미로운 일은 어쩌면 한 대륙에 있는 나라들끼리 서로의 언어가 전혀 다를 수 있는가 하는 점입니다. 불과 국경을 하나 사이에 두고 독일과 프랑스는 언어가 발음부터 너무 차이가 나서 의아할 정도 입니다.

마르코 폴로 선생!

그런데 선생의 조국인 이탈리아의 바로 옆 동네인 스위스는 하나의 나라인데 언어가 사투리를 포함하면 정신없이 많고, 국어만 공식적으로 4가지나 있는 묘한 나라입니다. 그래서 자기 나라 말로 자기 나라를 부르는데도 이름이 4가지나 되니

그것 참 복잡하겠더군요.

스위스의 수도인 취리히에 가면 분명 독일어를 쓰는데 남부 지방에 있는 제네바에 가면 프랑스 말이고, 이탈리아 국경 지방에 가면 다시 이탈리아어를 쓰는데다 스위스 고유의 사투리인 '스위스로망'어까지 4가지 말이 공용어라고 합니다. 초등학교에서는 어떤 말을 가르치는지 궁금하고, 더구나 북부에 살던 아이가 아버지 직장 따라 남부로 이사 가서 동네 아이들과 놀 때 전에 살던 동네에서는 독일말을 배웠는데 이사 온 동네 아이들은 프랑스어를 사용하면 헷갈리겠더군요.

서울에서 올림픽이 개최되던 1988년 겨울에 스위스로 출장 갔다가 휴일을 맞아 당일치기로 알프스 산맥의 영봉이라고 하는 융프라우를 구경하러 갔지요. 관광객들로 만원인 기차를 타고 가면서 보니 역시 신이 인간하고는 차원이 한참 다르구나 하는 느낌을 절실히 받았습니다. 산과 호수가 절묘하게 어우러져 있는데 그토록 아름다운 풍경을 어찌 감히 인간이 흉내라도 낼 수 있으리! 나는 달력에 가끔 나오는 멋진 스위스 풍경이 여러 사진의 합성인 줄 알았는데 눈으로 본 알프스의 모습은 사진보다 훨씬 더 멋있고 아름다워서 저절로 감탄사를 연발하였습니다. 기차를 몇 번 바꾸어 타고 본격적으로 '융프라우'로 오르는데, 작은 전동차가 굽이굽이 계곡을 돌고 산을 넘어 오르는 철길을 어찌 사람의 힘으로 이렇게 험준한 산속에 건설했는지 스위스의 건설 기술자들에게 새삼 경의를 표해야 했습니다.

신이 사는 곳이라는 뜻의 '융프라우'에는 분명 신이 살고 있을 텐데 그날은 외출하셨는데 뵙지 못했지만 만년설을 지붕으로 하여 사람이 감히 접하지 못할 곳에 집을 짓고 인간의 오염된 세상을 내려다보면서 혀를 차고 있는 하느님의 존재가 쉽게 느껴지더군요. 오! 신은 위대하시어라!

지난해에 사랑하는 여인과 갔을 때 다시 보니, 산 정상은 이리저리로 만년설 속에 터널을 뚫고 길을 내서 여러 곳을 내려다 볼 수 있게 만들어 놓았는데, 산소가 부족하여 고산병에 걸리기 딱 좋겠더군요. 함께 간 아내는 어느새 얼굴이 노래져서 급히 찻집 의자에 앉혀 쉬게 하고 나만 터널을 아래위로 다니면서 새삼 느낌을 만끽했지요. 만년설이 천천히 흘러내리는 모습, 매섭게 부는 찬바람, 사람의 손이 전혀 닿지 않은 순백의 계곡은 경이롭기까지 한데 아무래도 아내가 걱정되어 급히 내려가는 장난감 기차에 올랐습니다.

중턱쯤 내려오니 상가가 즐비한데 그곳에서 올려다보니 '아이거' 북벽(北壁)이 사진에서 본 그 모습 그대로 떡하니 버티고 서 있더군요. 뾰족하고 거의 90도에 가까운 수직의 봉우리가 눈보라와 싸우며 당당히 서 있었습니다.

그 동네를 잠시 어슬렁거리며 하느님의 냄새를 맡아 보고 있는데, 한 식당은 알피니스트(등산가)가 운영하고 있다고 하더군요. 그 식당의 테라스에는 여러 나라의 깃발이 눈보라 속에 펄럭이고 있었습니다. 이상해서 저게 무엇이냐고 물었더니 '아이거' 북벽을 오른 등산가의 나라 국기를 게양한다고 하더군요. 한눈에 보니 불과 10여 개의 국기가 게양되어 있는데 세계 200여 개의 나라 중에서 뽑힌 나라라고 생각하니 보통이 아니구나 하는 생각이 들었습니다. 그런데, 그런데 말입니다. 그 속에 자랑스러운 태극기가 펄럭이고 있었습니다. 가슴 찡한 순간이었죠. 눈물이 솟더군요. 어느 극성스러운 등산가 있어 조국을 빛내주는구나! 일등하기 좋아하고 남보다 높이 올라야 직성이 풀리는 한국인의 의지가 아이거 북벽을 올라, 기어코 신을 만나고 말았구나 하고 생각하니 그저 좋아서, 지나

가는 관광객을 괜스레 불러 "저기 지붕에 당신네 나라 국기도 있소?" 하고 물었답니다.

그때 그 감동은 지금도 내 가슴에 남아 나도 언젠가 세계의 하늘에 태극기를 휘날리게 해야 할 텐데 하는 생각을 하게 합니다.

9·11 사태와 영국

존경하는 마르코 폴로 선생!

지난 2001년 9월 11일. 세계를 경악하게 했던 뉴욕의 세계무역센터 빌딩을 덮친 민간항공기 2대는 미국의 상징을 깨부수어 사우디아라비아인이 주축이 된 이슬람교도들이 미국에 반항하는 이슬람인들의 정서를 대변했다고 할 수 있습니다.

선생은 중국 원나라를 향해 발걸음을 옮길 때 이라크와 이란을 통과하여 비단길을 건넌 것으로 기록되어 있는데, 기독교문명과 이슬람 문명은 십자군 전쟁 이후 꾸준히 싸움의 역사로 점철되어 왔습니다. 민간항공기를 납치하여 그렇게도 큰 빌딩을 한순간에 무너뜨렸으니 미국을 공격하는데 든 비용이래야 비행기표값 정도이니 아마 가장 값싼 비용으로 가장 비싼 성과를 낸 공격으로 이슬람의 역사에는 기록될 것입니다.

9·11사태는 분명 역사에 한 획을 그은 큰 사건임에는 틀림없습니다. 그 사건이 도화선이 되어 미국은 알카에다를 소탕한다고 아프카니스탄에 공격을 시작했습니다. 이라크가 쑥대밭이 되어 이슬람 사람들의 가슴에 못을 박았고, 미국에는 길에도 사무실에도, 심지어 화장실까지 온통 성조기로 넘쳐 나서 애국심을 위장한 적개심을 북돋웠습니다.

바로 그 사건이 있던 그날 이코폴로는 아프리카의 수단에서 업무 출장을 마치고 저녁에 바이어의 집에 초대받아 한가한 기분으로 저녁식사를 하고 있었는데, 갑자기 텔레비전 뉴스가 숨 가쁜 아나운서의 해설을 곁들여 긴급뉴스로 불타는 뉴욕의 쌍둥이 빌딩을 비추고 있었답니다. 재미있는 것은 수단도 이슬람 문화권으로서, 식탁에 둘러앉은 사람들은 모두 회교도인데도 사고 친 이슬람교도들을 미친놈들이라고 하더군요. 그들의 내심도 그런지는 모르겠으나 텔레비전 뉴스에서는 미국이 당했다는 것에 이슬람의 어린이들의 환호하는 모습도 방영하고 있어서 그들의 속내를 보여주고 있었습니다.

필자는 물론 미국의 일방적 이스라엘 지지와 철저한 국익 제일의 슈퍼파워 미국에 대하여 질투와 반감을 느끼면서도 어쩔 수 없는 현실에 그저 묵묵부답할 수밖에 없었지만 뉴욕에 사는 무고한 사람들을 그저 미국인이라는 이유로 대량학살하는 이슬람 청년들을 이해하기는 어려웠는데, 더욱 이해되지 않는 일은 다음날 영국에서 본 신문의 논조였습니다.

9·11사태가 난 그날 밤에 세계의 방랑자 이코폴로는 생떽쥐베리의 '야간비행'을 해서 중동 사막을 건너 영국의 런던으로 날았습니다. 영국에는 우리 회사 대리점이 있어서 못 받은

미수금도 정리하고 신규 거래처도 개발하기 위해 따라갔는데, 공교롭게도 9·11사태 다음 날이었지요. 런던 히드로 공항에 도착하여 신문을 사보니 역시 불타는 쌍둥이 빌딩이 크게 나오고 각종 해설기사가 온통 신문을 채웠더군요. 영국 신문의 사설을 읽어 보면서 나는 깜짝 놀랐습니다. 토니 블레어 수상이 미국과 어깨를 나란히 하여 테러분자들을 분쇄하겠다는 결연한 의지를 밝힌 것이 매우 당연한 조치이고 영국은 미국과 공조하여 세계 평화를 위해 나가야 한다는 강력한 지지의 사설이었습니다. 나는 좀 이해가 되지를 않았습니다. 영국의 빅벤이나 버킹햄궁전이 공격을 받은 것도 아닌데 저렇게 격양된 사설을 낼 수 있는가? 진정 영국 국민들은 블레어 수상의 발표에 찬성하여 미국이 주도하는 전쟁터에 자기의 아들을 군인으로 보낼 것인가 하고 의문스러웠습니다.

미국과는 6·25 전쟁 때 함께 피를 흘린 맹방인 한국의 보수주의자인 이코폴로지만 미국이 세게 한방 먹었다는데 그저 그런 기분일 뿐 그토록 격분까지는 되지 않던데, 영국은 저리도 온 국민이 흥분하는지 잘 이해가 되지 않았습니다. 그래서 여기저기 미국과 영국을 잘 아는 사람들에게 물어보니 그 해답이 나오더군요. 영국 국민은 미국을 자신의 자식으로 생각하고 미국은 영국을 조상의 나라로 생각하므로 사실상 미국과 영국은 한 나라라는 것입니다.

미국의 역사를 살펴보면 메이프라워호(1620년 영국 뉴잉글랜드 최초의 이민(移民)인 102명의 Pilgrim Fathers들이 타고 지금의 미국으로 간 배)를 타고 미국으로 건너간 영국의 가난뱅이들은 지금의 맨하튼을 단 돈 10달러 주고 인디언들에게서 샀다고 하더군요. 이민자들은 그 후로도 계속해서 밀려온

영국인들과 더불어 지금의 필라델피아, 뉴욕 등지에 촌락을 이루고 살면서 떠나온 고향을 밤마다 그리워했을 것입니다. 물론 영국인만 간 것은 아니고 네덜란드, 이탈리아, 프랑스, 독일 등지에서도 가난을 탈출하여 대서양을 건넜는데, 아마도 영국인들이 가장 많았고 성질도 거칠어서 다른 민족을 압도하고 미국의 주류를 이루었던 것으로 보입니다. 자존심 센 프랑스인들은 영국인들의 기세에 눌려 북쪽으로 밀려났는데 그 결과 지금의 캐나다 동부, 퀘벡지방에 몰려 살면서 지금도 프랑스 말을 고집하며 살고 있지요.

그래서 미국은 영국인들이 세운 나라가 되어 버렸고 언어도 영어가 국어로 된 것 같더군요. 그러니 미국인들은 영국을 고향으로 생각하게 되고 고향에 무슨 일이 일어나면 결코 묵과하지 못하게 되는 것인데, 그 점에서는 영국인들이 미국을 보는 눈도 그렇습니다.

히틀러가 유럽을 뒤흔든 제2차 세계대전 중에 미국은 유럽과 너무 떨어져 있어서 사실상 아무런 피해를 입은 것이 없어 참전을 할 것인가에 대하여 국론이 분열되어 있었습니다. 그때 영국의 처칠 수상이 미국 의회에 나가 연설을 하게 되었습니다.

"여러분들은 여러분들 조상의 고향을 잊었는가?"

이 한마디에 모든 상하 양원의 의원들은 기립박수로 미군의 유럽 파병을 결정하게 되었다고 합니다. 그렇게 영국과 미국은 사실상 한 나라라는 기분입니다. 영국의 멘체스터 지방을 여행하면서 보니 레이더 기지가 매우 크게 자리 잡고 있는데, 그 지하에는 엄청난 미군기지가 있어서 전 유럽을 감시하고 있다고 영국인 친구가 말해주더군요.

미국을 기습한 이슬람 과격분자들의 침략. 그에 대응한 미국의 흥분된 복수극. 거기에 영국이 기꺼이 참여하는 이유가 역사 속에 녹아 있었던 것입니다.

생각해보면 미국은 영국의 가난뱅이 청교도들이 가난을 탈출하여 희망을 찾아 떠나가 만든 나라입니다. 그런 나라가 제1차 세계대전을 기점으로 국력이 유럽을 능가하는 기반을 마련했고, 제2차 세계대전을 전환점으로 세계 제일의 나라가 되었으며 구소련의 붕괴로는 슈퍼파워가 되었습니다. '미국에 의한 세계 평화(팍스아메리카나)' 이것이 오늘날 미국이 추구하는 목표입니다. 하지만 이에 반발하는 세계 여론도 따갑습니다. 예를 들어 사우디아라비아를 민주화하기 위하여 만약에 대통령 선거를 실시한다면 오사마 빈 라덴이 가장 열렬한 지지를 받아 초대 사우디아라비아의 대통령으로 당선되었을지도 모릅니다. 대통령 자리란 능력과는 달리 소위 말하는 '빈사모(빈라덴을 사랑하는 사람들의 모임)'의 광적인 열기와 석유 팔은 돈 공짜로 나누어 주겠다는 것으로 모은 대중적 인기로 당선될 것은 한국의 '노사모'나 사우디아라비아의 '빈사모'나 마찬가지겠지요.

그리고 그는 당선되면 곧 미국으로 날아가 머리를 조아렸겠지요. '이란의 위협이 있는 한 사우디에서 미군 철수는 반대한다.'고 말입니다.

강 건너기 전과 건넌 후가 많이 다른 것이 정치하는 인간들의 모습이니까요.

맨체스터의 골프장

존경하는 마르코 폴로 선생,

이왕 영국 이야기를 했으니 영국에서 느낀 점을 계속 지껄여 볼까 합니다. 영국에도 수출을 하러 여러 번 가다 보니 산업혁명의 고향 맨체스터를 가보게 되었습니다. 맨체스터는 런던에서 기차로 3시간쯤 가는 곳에 있는데, 옷감을 기계로 짜는 기술이 처음 꽃을 피우면서 산업혁명의 도화선이 되었고, 세계 최초의 철도 부설이 시작되었으며, 아직도 그 철도 건설 계약서에 서명하는 역사적 서명식이 있었던 레스토랑이 영업을 계속하고 있어서 전통의 나라 영국을 증명하고 있더군요.

맨체스터에 갈 때는 런던 히드루 공항에 내려 지하철을 타고 안개 낀 런던역에서 맨체스터행 급행열차를 갈아타야 했지요. 런던역에는 버버리코트의 영국 신사들이 느린 걸음걸이로 광장을 지나다니고 있었습니다.

마르코 폴로 선생께서도 느끼셨겠지만, 이코폴로는 세계 여행을 하면서 자연의 지형지세가 사람의 성격에 얼마나 막대한 영향을 미치는가 하고 놀라는 때가 많습니다. 산이 높고 앞이 막힌 지형에서 사는 한국 사람들은 멀리 볼 수가 없으니 언제나 조급하고 단번에 모든 것을 끝내야 직성이 풀립니다. 하지만 가도가도 지평선인 중국의 중원 평야에 사는 사람들은 모든 것이 만만디라 느리고 단조롭지만 지독하게 오래 참고 기다릴 줄 알지요. 미국도 중부의 평야 지대에 사는 사람들은 성격이 좀 단조롭고 시시한 반면 뉴욕 등 대도시에 사는 사람들은 우리나라 사람들처럼 급하고 격정적입니다.

맨체스터는 산이라고는 보이지 않고 구릉과 언덕뿐이니 언덕을 넘으면 또 별로 높지 않은 언덕이고, 그 언덕 위로 양떼가 한가롭게 풀을 뜯고 있지요. 물론 강이래야 우리나라의 큰 개울 정도인데, 사람들은 그것을 강이라고 부르니 한강이나 낙동강을 강이라고 부르며 자란 이코폴로는 속으로 '스케일

작게 저게 무슨 강이냐, 개울이지' 라고 속으로 영국 사람들을 깔보게 되더군요. 영국인들은 평생을 그렇게 별로 변화가 없는 한가로운 풍경 속에 사니 사람들의 성격도 변화를 싫어하는 보수적인 성격으로 굳어졌겠지요. 재미있는 것은 그렇게 널려 있는 언덕을 모두 밭으로 개간하여 목초지로 사용하거나 각종 농사를 짓는데, 밭에는 모두 구들장같이 편편한 돌로 담을 쌓아 놓았더군요. 담장의 높이래야 그저 무릎에 겨우 찰 정도로 나지막한 것인데 뭘 하려고 담을 쌓아놓았는지 정말 이해가 되지 않아서 운전해주는 미스터 개리에게 물어보니 그게 이곳 풍습이라고 단순하게 답을 하더군요. 그저 네 것과 내 것을 구분하고 싶지만 그렇다고 야박하게 키 높이로 벽을 쌓아 너와 나를 가르기는 싫다는 사고방식이 아닐까 하고 생각해 보았습니다. 그래도 그렇지, 집과 집 사이라면 모를까 밭에다 무슨 돌로 담을 쌓는다는 말입니까? 정작 그 지방 사람들의 집과 집 사이에는 담을 보지 못했고 담이라고 해도 목재로 둘러친 뒤란 정도이더군요.

내가 묵었던 호텔은 아마 옛날에 귀족이 살던 집을 후손들이 호텔로 개조한 것이 분명한데, 호텔 건물은 영국답게 수백 년

된 것이 그대로 있고 실내만 현대식으로 개조하였는데, 방의 크기가 제각각인 것으로 보아 개인 저택을 개조한 것이 확실하더군요. 건물 외벽에는 담장이 넝쿨이 덮여서 고색창연한 색조를 더해주는데, 줄기의 굵기로 보아 백 년쯤 된 것이 분명했습니다.

그곳에서는 인건비가 비싸서 호텔 푸론트는 단 한 명의 중년 아줌마가 체크인, 회계, 우편물 취급, 식당보조까지 다기능을 수행하고 있었고, 세계의 술이란 술은 다 있는 바에는 또 단 한 명의 아줌마가 바텐더, 웨이트레스에 캐쉬어 역할까지 1인 3역을 하고 있었습니다. 하기야 저녁의 긴 시간을 지키던 손님 또한 동양에서 간 이코폴로 혼자서 큰 홀을 독차지하고는 종류별로 술을 늘어놓고 마시면서 수십 명의 술꾼 역할을 하고 있었습니다. 아마 그 동네에서는 손님마저 한 사람이 여러 사람 몫을 해야 하는 모양입니다.

낮에는 거래처 사람들도 만나고 바쁘게 지내다가도 저녁에 호텔로 돌아와 혼자 있으려니 정말 지루하더군요. 고색창연하고 조용한 것도 좋지만 사람냄새가 너무 그리워 다음날 밤에는 비싼 영국의 택시를 불러 타고는 마을에 있는 맥줏집으로 갔습니다. 그런데 맥줏집마저 '썰~렁' 그 자체라서 주인에게 물었습니다. "도대체 사람들은 어디에 있는 거야?" 술집 주인은 오히려 그렇게 묻는 나를 이상스런 눈으로 쳐다보면서 혼자 말처럼 지껄이더군요.

"여기는 이래요. 모두들 집에 있겠지요…."

아이를 낳지 않는 풍조로 인구가 점점 노령화되고 줄어드는 나라, 영국도 유럽병의 중증에 해당하는 것이 분명했습니다.

다음날에는 개리 씨의 초대로 근처에 있는 골프장에 갔습니다. 그 시절에는 이코폴로도 골프에 좀 미쳐 있었거든요. 맨체스터의 골프장은 초라함 그 자체였습니다. 클럽하우스래야 조그만 집에 노인네 한 분이 이것저것 골프용품을 팔고 있었고 음식은 팔지도 않으며 자동판매기에서 콜라와 주스 정도를 파는 것이 전부였습니다.

골프코스는 자연스럽게 형성된 풀밭이 그림처럼 아름다운데 물론 다듬은 흔적은 별로 없더군요. 신나게 드라이버를 휘두르며 한 라운드를 돌고 나니 제법 지치더군요. 역시 캐디는 없고 직접 카트를 끌고 다니면서 둘이 라운딩 하는데 평일이라 그런지 손님이라고는 우리 두 사람뿐이더군요. 골프연습장에 따로 갈 필요도 없이 실수하면 두세 번 다시 치면서 연습은 마음껏 해보았답니다.

마르코 폴로 선생, 선생 시절에도 골프가 있었는지요? 골프는 영국에서 시작된 운동이라고 하는데 처음에는 양치기들이 지팡이로 양 똥을 쳐서 멀리 보내기 시합을 하는 데서 유래했다고 합니다. 맨체스터를 보니 그 말이 진실이겠다는 생각을 했습니다. 별로 높지 않은 언덕과 한가로운 양떼. 그리고 더욱 한가로운 양치기들. 요즈음에는 양치기들이 오토바이를 타고 양을 몰러 다닌다고 하는데 그때는 오토바이가 없었으니 한가롭게 지키고 앉았다가 지팡이를 휘두르며 이리저리 몰고 다녔겠지요. 그러다가 양 똥이 보이면 한 번씩 지팡이를 휘둘러 멀리 보내기 시합이라도 벌리며 무료함을 달랬겠지요. 확실히 영국의 맨체스터는 골프장 만드는 비용이 거의 들지 않을 것으로 보였습니다. 그저 야트막한 구릉과 언덕뿐이니 그냥 골프공 놓고 치면 그게 곧 골프장이니 말입니다. 지금도 골프장에서 한 번 드라이버를 휘두르려면 그때 본 맨체스터의 평화로운 광경이 생각나고는 합니다. 그런데 이런 맨체스터의 풍경을 미국에서도 보게 되었으니 켄터키주의 서부지역입니다.

켄터키 옛집

켄터키 옛집에 햇빛 비추어 여름날 검둥이 시절. 저 새는 긴 날을 노래 부를 때 옥수수는 벌써 익었다. 마루를 구르며 노는 어린 것 세상을 모르고노네. 어려운 시절이 닥쳐오리니 잘 쉬어라 켄터키 옛집. 잘 쉬어라 쉬어 울지 말고 쉬어. 그리운 저 켄터키 옛집 위하여 머나먼 집 노래 부르네….

스테픈 C. 포스터가 작곡한 「켄터키 옛집」은 중고등학교 음악 시간이면 즐겨 부르던 노래입니다. 그래서 켄터키주에 처음 갈 때는 끝없이 펼쳐진 옥수수밭과 땡볕에서 일하고 있을 늙은 흑인 노인들을 상상했습니다.

하지만 루이스빌(Louisville)이라고 부르는 켄터키의 대표적인 공항에 내려보니 켄터키는 끝없는 평야가 아니라 영국의 맨체스터를 닮은 구릉지역이었고 흑인은 눈을 씻고 찾아도 없을 정도로 예상과는 너무 달랐습니다. 켄터키 사람이 들려준 말로는 작곡가 포스터는 이 노래를 작곡할 때 켄터키에는 근처도 가보지 않았고 워싱턴DC의 술집에 앉아 맥주 한 잔에 흥얼거리며 작곡한 노래라는 것이었습니다. 사실이 아니기를 바라서 역사책을 들추어보니 그의 사촌이 사는 켄터키의 통나무

집에 잠시 살면서 영감을 얻어 26세에 작곡한 노래라고 합니다 하여간, 옥수수밭도, 마루를 구르며 노는 흑인아이도 없더군요.

미국에는 두 개의 거대한 산맥이 있는데 록키 산맥과 아파라치안 산맥입니다. 록키야 물론 서부를 상징하는 북아메리카 대륙의 등뼈 같은 산맥이고 아파라치안 산맥은 동부지역을 북에서 남으로 향해 뻗은 산맥이지요.

켄터키주는 아파라치안 산맥의 서쪽에 있어서 산과 계곡이 많고, 마치 한국의 강원도 시골 풍경과 같은 동부 켄터키와 차차 서부 대평원을 향해 내려오면서 산은 그 구배가 완만해져 영국의 맨체스터처럼 높낮이가 별로 없는 구릉이 계속 이어지는 지형지세의 서부 켄터키로 구분할 수 있겠더군요. 서부지역은 대부분 목장입니다. 그런데 이 목장 지역에는 어쩌면 밭의 경계에 있는 구들장 돌로 만든 야트막한 담장까지 영국 맨체스터에서 본 밭의 담장과 같은지요. 아마 그 지역에는 맨체스터 출신들이 많이 이사 와서 살고 있는 게 분명해 보였습니다.

목장에는 주로 말을 키우고 있었는데, 그 지역의 대표적인 도시인 렉싱턴에서는 매년 경미시합이 열리는 꽤나 유명한 말의 도시라고 하더군요. 문득 내가 사는 과천의 경마장을 연상하면서 나를 안내하던 존과 함께 경마에 참여해 보았는데 우리나라 경마장과 아주 흡사한 분위기이더군요. 다만 관객의 모습이 전부 서방 사람들로서 노랑머리, 파란 눈이라는 것입니다. 아마 동방 사람은 한국에서 간 이코폴로뿐이더군요. 나도 생전 처음으로 돈을 거는 경마를 그곳에서 해 보았는데 팔자에 노름과는 거리가 먼 탓인지 서너 판 붙어 보았지만 공연히 말 사육비만 보태준 꼴이 되었습니다.

아파라치안 산맥은 미국 역사에서 아주 중요한 의미를 갖는데, 유럽에서 대서양을 건너 신대륙에 뿌리를 내린 사람들은 지금의 필라델피아와 뉴욕 등 미국 동부 해안에 주로 몰려 살았답니다. 농업과 목축업, 사냥 등으로 생계를 유지하였을 초기 이민자들은 쉽게 아파라치안 산맥을 넘어 보지 못했을 것입니다. 따라서 그 산맥 너머에는 무엇이 있는지도 몰랐고 미국대륙이 그렇게 클 것이라는 것도 잘 몰랐을 것입니다. 아마도 사냥꾼들이 처음 아파라치안 산맥을 넘어보았을 것이고 서부로 끝없이 펼쳐진 땅에 감탄했겠지요. 켄터키는 언제부턴가 아파라치안 산맥을 넘어간 백인들이 아파라치족 인디언들을 몰아내고 여기저기 정착하며 살았는데, 이 지역에는 비옥한 농토가 별로 없는 것을 보면 아마 수렵으로 생계를 시작했겠다고 생각됩니다. 그래서 대도시는 별로 없고 인구가 기껏 해야 십만 정도의 중소 도시가 드문드문 있고, 산속으로 언덕 위에는 가수 남진의 "저 푸른 초원 위에 그림 같은 집"이 정말 그림처럼 아름답더군요. 그런데 그 구석진 곳에 있는 집들의 앞까지 도로가 잘 포장되어 있는 것을 보면 미국이 부유한 나라인 것만은 틀림없습니다.

동부 켄터키주에는 농토나 공장이 적은 대신에 석탄 광산이 특히 많이 있더군요. 광산도 우리나라 석탄광산처럼 땅속 수백 미터를 파고 내려가는 동굴식이 아니라 노천에서 흙을 걷어내고 검은 석탄을 마구 퍼내는 소위 노천탄광이더군요. 파낸 석탄을 초대형 트럭에 실어 기차역으로 운반하여 석탄 운반 전용 기차로 바꿔 싣고 화력 발전소로 가더군요. 기적소리 요란한 기차가 하도 화물칸을 많이 달고 가서 일부러 세어보았더니 분명 112칸이더군요. 기관차가 힘도 좋구나!

이튿날, 교외로 가는 길에 운전수 톰은 내게 그곳의 달동네를 보여주더군요. 신기한 마음에 가보니 산속에 있는 넓은 공터에 수십 대의 컨테이너하우스가 가난한 사람들의 보금자리였습니다. 우리나라 달동네처럼 산기슭에 마당도 없이 촘촘히 들어선 판자집 모습보다는 좀 나은 편이라서 덜 측은해 보이더군요. 풍요의 나라 미국에도 있을 것은 다 있는, 사람 사는 나라라는 것을 새삼 깨달았습니다.

테네시주의 녹스빌로 가는 고속도로를 따라 내려가면서 가끔 보이는 언덕 위에 그림 같은 집에 관하여 물어보니 그곳에도 분명 사람이 산다는 것이었습니다. 너무 한적하여 강도라도 들면 어떻게 하느냐고 물었더니 대답이 명쾌하더군요. "그들은 총으로 쏠 꺼야." 그렇습니다. 총기 소유가 자유스러운 나라 미국다운 답변이었지요. 여기서 이러한 상황에 어울리는 에피소드를 들려 드릴까 합니다.

영어가 유창하지 못한 일본인이 이렇게 한적한 시골에서 길을 잃었답니다. 그는 일본 생각만 하고는 차를 길에 세우고 언덕 위의 그림 같은 집으로 찾아 들어갔습니다. 아마 착한 백설공주와 일곱 난장이가 살고 있을 거라고 착각했던 모양입니다. 그런데 마침 그 집에는 백설공주 대신 사나운 뚱보 여주인이 혼자 있었는데 이상한 동방 사람이 혼자 다가오므로 장총을 비껴들고 소리를 질렀지요.

"Freeze!!(얼어붙어라! 정지!!)"

영어가 약한 일본 사람은 그녀의 외침을 "Please (들어오세요.)"라고 잘못 이해했습니다. Freeze나 Please 가 발음이 비슷하게 들린 것이지요. 그 사람은 일본 사람답게 정장을 하고 있었는데 마침 더운 날씨라서 웃옷을 벗어 한쪽 팔에 걸치고 있었답니다. 그러니 미국인 뚱보 아줌마는 그가 옷 속에 권총을 감추고 있다고 생각했습니다. 싱긋이 웃으며 거침없이 다가오는 일본인을 향해 그녀의 장총은 불을 뿜었고, 순간 그 일본인의 심장도 뜨거운 피를 뿜었지요. 즉사! 그리고 그녀는 정당 방위였습니다. 문화의 차이가 얼마나 끔찍한 결과를 가져올 수 있는지 극명하게 보여준 실화입니다.

서방의 나라 미국. 그곳에는 동방의 평화로움이 그곳의 평화로운 풍경과는 정반대로 별로 많지 않았습니다. 더구나 여행자를 보살펴 덕을 베푸는 동방의 사고방식과는 거리가 먼 그런 모습의 나라이더군요.

"역시 동방이 좋아!" 이코폴로는 은근히 자부심을 느끼며 켄터키를 떠났습니다.

총을 사랑하는 미국

여행가 마르코 폴로 선생!

미국이란 나라는 선생께서 세상을 떠나고도 한참 후인 1492년에야 '콜럼버스'에 의해 발견된 땅이니 선생께서야 상상도 하기 어려우시겠지만요, 미국은 오늘을 사는 우리들에게는 상당히 큰 의미를 갖는 나라이지요. 우선, 세계 최강의 나라이니 그 옛날 선생께서 경이로운 눈으로 보았을 '원(元)' 나라 정도라고나 할까요? 모두 왕과 귀족의 핍박을 받던 사람들이 떠나와서 그런지 국민이 주인 되는 나라를 만들었답니다. 물론 '쿠빌라이' 같은 황제는 없고, 그들 스스로 뽑은 대통령이 나라를 다스리고 있습니다.

미국의 동북부에는 바다처럼 큰 호수가 다섯 개 있는데 사람들은 '오대호(五大湖)' 라고 부르지요. 그 근처는 공업이 발달하는데 필수적인 물과 자원이 풍부하여 중공업지역으로 발전하였고, '시카고' 라는 중심 도시가 생겼습니다.

한때 이곳에는 '밤의 대통령' '알. 카포네' 가 둥지를 틀었던 곳이기도 합니다. 그러나 지금 그의 권총소리는 들을 수 없고, 술집은 만원을 이루는데 나는 혼자 가서도 마음 편하게 한 잔 잘 마시고 왔으니 치안이 그렇게 엉망은 아니더군요.

시카고에서 딱 하룻밤을 보냈는데, 시카고는 어떤 얼굴인가 궁금하여 그 밤을 못 참고 시내를 한 바퀴 돌아보았지요. 대도시가 모두 그렇듯이 고층빌딩이 밤의 네온사인 속에 그 높이를 자랑하고, 거리에는 두꺼운 코트로 몸을 감싼 행인들이 바쁜 걸음을 옮기고 있더군요. 도대체 갱들은 어디로 갔는가? 검은 승용차에 깊숙이 몸을 묻고 폼을 잡던 '대부(代父)' 는 내가 왔는데도 나타나니 않으니 영 기분이 잡치더군요. 따로 갈 곳도 없어서 택시운전사에게 말을 걸었습니다.

"기사 양반, 어디 누드 쇼하는 술집이라도 없소?"

"있지요. 그리로 모실까요?"

"왜 아냐? 그리로 갑시다. 그런데 술집 이름이 뭐요?"

"아담스(ADAMS)라고 하지요."

'남자들.' 뭐, 그런 뜻이겠지요.

그렇게 되어 말만한 서양 처녀들이 해변으로 착각하고 해변이 아닌 오색 등불 아래의 무대에서 시원스럽게 옷을 벗어버리고는 비키니 차림으로 춤을 추는 술집에서 한 잔의 맥주로 시카고의 밤을 엿보았습니다. 그런데, 그곳에서는 비키니 정도가 최고의 서비스라나요. 싱겁기는….

이튿날은 다시 비행기를 타고 오대호의 서쪽에 있는 '밀워키' 로 갔습니다. 그곳에는 나의 거래처가 있어서 상담 차 갔었지요. 물론 처음 갔는데, 공장이 완전히 숲 속에 있어서 깜짝 놀랐답니다. 3,000여 평쯤 되는, 규모가 제법 큰 공장인데도 그런 시골의 숲 속에 있으니 한국의 공장이 대개 공단에 밀집되어 있는 것과 많이 다르더군요. 미국은 땅이 넓으니 그렇게 아무 곳에나 지어도 문제가 없나 봅니다. 그런데 종업원들은 대개 밀워키의 도시에 산다고 하니 우리와는 반대로 도시에서 숲에 있는 공장으로 일하러 가는 묘한 상황이더군요. 그날은 가격을 깎으려고 갔으니 상담이 제법 힘들었습니다. '죤' 이라고 부르는 나의 상담 파트너는 할아버지 나이인데도 매우 정력적으로 상담에 임하더군요. 격론을 벌이다가 나는 그 나라 근로자들의 임금 수준과 생산성을 듣고는 깜짝 놀랐습니다. 시간당 평균 노임이 한국보다 낮고, 믿어지지 않아 돌아본 공장에는 기술자들이 성실하게 일하고 있었습니다. 파업의 천국인줄 알았더니 그렇지 않은 모양입니다.

다음날은 다시 비행기를 타고 텍사스에 있는 휴스톤으로 갔습니다. 휴스톤은 우주선을 발사하는 '케이프케나벨'로 유명하지만 우리 회사는 우주선하고는 아직 거리가 멀어서 그곳에는 가보지는 못했습니다. 비행기를 내리자마자 거래처를 찾아갔습니다. 구경도 할 겸 해서 일부러 '휴스턴'의 도심을 지나갔는데, 그 지방의 정유 회사들이 세력 과시를 위해 세운 마천루들이 서로 높이를 자랑하고 있었지요. 하지만 도심지래야 손비닥만 하고, 도시는 넓은 땅에 옆으로 드넓게 퍼져 있어서 거래처를 찾아 가는데 택시비 꽤나 들더군요.

가까스로 상담을 마치고 나니 문득 내가 사우디아라비아에서 미국인 회사에 근무할 때의 상사였던 'MR. JERRY STUAD(저리 스튜어드)' 생각이 났습니다. 그는 이곳 텍사스

출신으로 지금 무엇을 하고 있는지 궁금했습니다. 그래서 함께 상담하던 아줌마 '제니퍼' 에게 사연을 이야기하고 혹시 찾을 수 없겠느냐고 물었습니다. 그랬더니 한참을 갸우뚱하던 그녀는 인터넷(inter-net)에 그의 이름과 사연을 올려놓았습니다. 그런데, 세상 참 무섭더군요. 얼마 지나지 않아 바로 그 사람 '저리 스튜어드' 씨로부터 전화가 왔습니다. 마르코 선생! 선생 시절에는 과연 상상이나 할 수 있었겠습니까? 전혀 연락도 없던 사람을 인터넷의 힘을 빌려 무려 20년 만에 통화가 되었으니 얼마나 반가웠겠습니까? 그게 인터넷으로 무장

한 미국의 힘이더군요. 그는 댈러스(DALLAS)에서 중장비 관련 사업을 한다고 하더군요. 나는 그날 밤 비행기를 잡아타고 댈러스로 날아가 오랜만에 회포를 풀었습니다. 그런데 그와 나누던 이야기 중에 기가 막힌 두 가지가 있어 소개합니다.

첫째는 그의 취미가 총 쏘는 것으로서 무려 200자루나 가지고 있다고 합니다. 그렇게 많은 총으로 집 지을 때 철근 대신 넣어도 되겠다고 했습니다. 둘째는 내가 그날 아침 일찍 일어나 큰길가로 조깅을 했다고 하니 깜짝 놀라면서 절대로 그런 짓 하지 말라는 것이었습니다. 지나가던 차에서 사람들이 총을 쏜다나요.

"설마? 공연히 길가의 행인들에게 왜 쏴?"

"뭐라고? 그들은 재미로 쏘고 달아나 버린단 말이야!"

미국은 그런 곳이었습니다. 총을 아무나 소유하게 허락하니 무서워서 살 수 있겠습니까?

귀국하는 비행기 속에서 신문을 보니 '미국도덕재무장본부'라는 곳에서 낸 전면광고를 보니 도덕 불감증에 걸린 미국의 기막힌 현실에 가슴이 뜨끔했습니다. 5만이 넘는 초등학생이 매일 아침 권총을 소지하고 학교에 가고, 매년 20만 명이 넘는

십 대 소녀가 임신을 한다고 합니다. 직접 피부로 느끼지는 못했지만 대도시의 범죄는 대단히 심각하다고 하더군요. 서부 개척은 끝난 지도 이미 오래인데 권총은 무엇을 또 개척하려고 그렇게 많이 갖고 있는지….

총을 사랑한다 해도 좀 심하구먼! 아니면, 이곳은 은행 털기가 쉬운가?

그녀는 UN의 자손

라스베이거스에서 여행을 마치고 다음날은 '아이오와' 주에 있는 '워털루'로 갔습니다. 이 지방은 농업이 주요 산업으로서, 비행기에서 내려다보니 바둑판처럼 잘 정리된 밭이 지평선까지 이어져 있는데 무척 부럽더군요. 주로 옥수수를 심는데 토양이 워낙 비옥하여 비료를 따로 주는 것은 없고, 수확이 끝나면 옥수수 줄기를 태워버리는 것이 전부라고 합니다. 밭이라기보다 평야라고나 부를 한 조각의 땅이 얼마나 큰지 밭을 갈려면 점심으로 샌드위치를 싸 가지고 대형 트랙터를 타고 출발하여 그냥 털털거리며 곧장 가다가 점심 먹고 돌아서서 다시 곧장 오면 하루해가 진다고 하니 상상이 되시겠습니까? 그래서 그들은 밭갈이가 너무 지루하고 심심하므로 여러 이웃 사람이 돌아가면서 함께 일하는데, 라디오를 크게 틀어 놓고 트랙터를 운전한다고 합니다. 정말 비행기로 씨 뿌린다는 말이 이해되더군요.

나는 물론 기계 장사꾼이니 그곳에는 기계를 사러 갔습니다. 콘크리트로 도로를 포장하는 기계인데, 유명한 회사라고 했지만 막상 가보니 그리 큰 회사는 아니었고, 그저 가내 수공업을 벗어난 수준이었습니다. 그럼에도 불구하고 그 회사가 세계적으로 유명한 것은 전문화된 제품을 매우 잘 만들기 때문으로 생각됩니다. 한 가지 제품만 평생을 두고 만들었다는 '짐(JIM)' 이라는 사장은 60살이 넘은 털북숭이 할아버지로서, 아내와 매우 다정하게 지내서 보기 좋았습니다.

그의 아내 '수잔' 은 늙은 나이에도 미모가 뛰어나고 교양과 애교가 넘치는 여자입니다. 그녀는 지독한 독서광(讀書狂)으로 근처에 있는 아이오와주립대학 도서관에 자원 봉사자로 일한다고 합니다. 순전히 책을 무료로 실컷 볼 수 있기 때문이라고 하는데, 그녀의 지식은 끝이 없더군요.

그들 부부와 함께 식사를 하면서 나는 제일 궁금한 그곳 지방의 끝없이 펼쳐진 대지에 관하여 물었더니 그곳은 옛날 지구 생성기에 캐나다 지방의 비옥한 흙이 빙하에 섞여 흘러 내려와 형성된 곳이라고 하더군요.

하여간 그 환갑이 넘은 '젊은 누나'는 무엇이든 만물박사였는데, 그날 저녁식사를 하면서 잃어버린 대륙 아틀란티스, 남극 대륙의 비밀 지도, 보스니아 왕자의 저격 사건, 아일랜드 켈트족의 유래, 심해에 사는 전기뱀장어 이야기 등 백과사전 같은 지식을 끝없이 쏟아내더군요.

그런데 그녀 자신은 피가 복잡하게 섞여 있어서, 고조할아버지는 '유고슬라비아' 사람으로서 폴란드 여자와 결혼하였고, 증조할아버지는 독일의 베를린에 살다가 이탈리아 여자와 결혼하여 이탈리아로 이사 가서 살았고, 할아버지는 건축 기술자로 '벨기에'에서 살다가 그곳 여자와 결혼하였는데, 아버지는 다시 러시아 여사와 결혼하여 미국으로 이민 왔다고 하니 도대체 어느 민족의 혈통인지 구분하는 것을 진작 포기한 여자였습니다. 더구나 그녀의 둘째 아들은 하와이에 놀러 갔다가 필리핀 여자와 눈이 맞아 아예 그곳에서 눌러 산다고 하니 이제는 아시아에서까지 피를 얻어 오는구나 하고 생각했습니다. 이 '젊은 누나'야 말로 세계가 고향인 유엔의 딸이더군요. 아무리 생각해도 단일 민족인 한국에서는 상상하기 힘든 일로서, 나도 내 딸이 외국 남자와 결혼하겠다고 하면 쉽게 허락할 수 없을 것이 확실한데 그녀를 이해하는데 시간이 한참 걸리더군요.

그날 밤 우리는 디스코텍에 놀러 갔답니다. 그곳에는 대학생들이 만원을 이루고 있어서 그 열기가 대단하더군요. 우리는 가장 늙은 손님이었지만 마음은 어디 그렇습니까? 어떻게든 여대생에게 접근하여 '한국산 늑대'의 마수를 뻗쳐보고 싶었지만 체면상 그럴 수가 없어서 그녀에게 탄식조로 한마디했지요.

"일주일만 젊었어도…."

하지만 그녀는 "내게 늙는다는 것은 없다!!"고 선언하더니 정말 후로우로 나가서 젊은이들 못지않게 디스코를 추는데 그 밤의 스타였답니다.

바람과 함께 사라진 애틀랜타의 사랑

미국은 보지 못하신 마르코 폴로 선생,

북미대륙의 남부지방을 대표하는 애틀랜타시는 남북전쟁 때에 중요한 전투가 있었던 곳입니다. 아파라치안 산맥의 남쪽 끝부분에서 내려와 대평원이 시작되는 지점에 있어서 시원스럽게 넓은 땅에 유서 깊은 도시로 발달된 곳이더군요.

비비안 리와 클라크 게이블이 세기적 사랑을 일구어낸 「바람과 함께 사라지다」의 무대였던 도시이지요. 남북전쟁을 배경으로 한 그 영화 속에는 극단적인 이기주의자이지만 가정을 책임져야 하는 사실상의 세대주인 여주인공의 현란한 처세, 그러나 진실한 사랑을 깨달아가는 이야기를 그린 영화에는 깍쟁이 '비비안 리'의 매력이 활짝 피어오르고 있었지요. 그래서 애틀랜타로 여행할 계획을 세울 때에는 그녀를 닮은 처녀와 뭔가 애틋한 사랑의 흔적이라도 남길 기대에 부풀어 고속도로에 올랐습니다.

존경하는 마르코 폴로 선생,

생각해보면 미국은 고속도로의 나라입니다. 그 넓은 땅을 철도로 거미줄처럼 짜놓을 수도 있었을 텐데 굳이 고속도로망으로 연결한 것을 보면 자동차여행이 훨씬 개인의 프라이버시가 보장될 수 있기 때문이 아닐까 합니다.

장거리를 다니는 그레이하운드를 타고 애틀랜타로 가려고 버스터미널에 갔었는데, 표를 사기전에 터미널 주위를 둘러보는 순간 고속버스를 탈 용기를 잃어버리고 말았습니다. 반쯤은 환각 상태인 것 같은 험상궂게 생긴 흑인들이 있는가 하면 거지 모습의 남녀들이 옹기종기 서 있는데, 분명 그들과 함께 탄 버스를 타고 장시간 가는 동안 뭔가 끔찍스런 긴장에 계속되겠으니 혼자서는 도저히 안 되겠더군요. 다시 거래처로 돌아와 마침 애틀랜타로 가는 직원의 차에 동승하여 목적지에 도착하니 9시가 훨씬 넘은 한밤이었지요. 마침 이튿날 그곳에서 대형 야구게임이 있어 지방에서 구경 온 사람들로 호텔이라는 호텔은 모두 초만원이더군요. 여러 곳을 다니다가 싸구려 호텔에서 겨우 방을 하나 얻을 수 있었습니다.

무사히 하룻밤을 자고 이튿날은 마침 일요일이라서 혼자 택시를 타고 거리를 다녀보았습니다. 미국의 거의 모든 도시가 그렇듯이 그저 낮은 빌딩과 연이어 지어진 단독 주택단지가 숲 속에 아늑한데 차라리 적막하다고 표현해야 할 도시의 모습은 넓은 땅, 작은 인구, 풍요의 나라 미국을 대변하고 있었습니다. 포성이 멈춘 지 너무 오래 되어서 그런지 남북전쟁의 흔적은 아무 곳에서도 찾아 볼 수 없었습니다. 남부군의 지도자 'Lee 장군'은 성씨로 미루어 보건데 아마 이 글을 쓰는 저, 이코폴로 가문의 할아버지일 텐데 언제 미국까지 이민 가셨는지 궁금하였거든요.

택시기사에게 우리 조상으로 생각되는 리 장군의 동상을 어디 가면 볼 수 있겠느냐고 물으니 진작 물어볼 것이지 하고는 곧바로 켄소산 언덕에 있는 남북전쟁 전적공원(戰蹟公園)으로 안내하더군요.

거기에는 남북전쟁의 전개 과정 설명문, 그 시절에 쓰던 각종 무기 등이 전시되어 있고, 남부군의 가장 위대한 장군 R. E. Lee 장군의 동상이 우뚝 서 있더군요. 그런데 그분의 모습은 우리 동방인과는 거리가 먼 매부리코에 콧수염 또한 멋진 서방 사람 모습이군요.

공원을 한 바퀴 돌아보고 나는 택시기사에게 또 뭔가 애틀랜타의 특징이 없느냐고 물으니 CNN 본부가 이곳에 있고, 코카콜라의 고향이라고 하는 것이었습니다.

CNN. 세계의 뉴스 방송을 주름 잡고 있는 테드 터너의 왕국. 걸프전쟁 때 불꼬리를 달고 밤하늘로 치솟는 토마호크미사일 모습을 생중계하여 사람이 죽어가는 처절한 전쟁터를 컴퓨터 게임 화면으로 착각하도록 만든 방송국. 9·11 사태에서는 여객기가 월드트레이드센터에 충돌하는 장면을 생중계하여 세계인들의 입에서 '악!' 소리 나게 했던 그 방송국.

부랴부랴 차를 몰아 그 아성에 가 보았습니다. 그런데 그곳은 평범한 빌딩에 불과하더군요. 물론 출입 통제가 까다로워서 들어가 보는 것은 포기하고 실망으로 멍든 가슴을 안고 코카콜라 본사 건물을 향했습니다.

코카콜라 회사는 콜라 원액을 제조하는 비밀을 사장과 부사

장 단 두 사람만 알고 있는데, 그 두 사람은 절대로 한 비행기나 한 자동차를 타는 일이 없이 각각 따로 타고 다닌다고 합니다. 만약 사고가 나서 한꺼번에 두 사람 모두 죽으면 콜라 제조의 비밀이 그들의 시체와 함께 땅속에 묻혀 버릴 것을 두려워한다나요. 코카콜라는 1886년에 처음 만들어졌고, 지금은 미국 대사관이 나가 있는 나라의 숫자보다 더 많은 나라에서 팔리고 있다는 청량음료라는데, 미국 자본주의의 상징이기도

하지요. 그런 대단한 회사의 본사 사옥 앞에 서서 고개를 들고 대형 코카콜라 간판을 올려다보니 이렇게 마시는 음료 하나만 히트 쳐도 갑부 되는 데는 문제가 없음을 깨닫게 해주더군요.

싱겁게 도심 관광을 마치고 호텔로 돌아오는 길에 생각하니 다시금 「바람과 함께 사라지다」의 주옥 같은 장면들이 정말 주옥 목걸이처럼 지나가더군요. 비비안 리의 깍쟁이 표정 연기는 정말 일품이었지요.

이 영화의 여주인공으로 비비안 리가 뽑힌 데는 재미있는 일화가 있습니다. 이 영화의 제작자 셀즈닉은 여주인공, 스카렛 역을 맡을 배우를 찾지 못해 애태우며 60명의 여배우를 테스트했다고 합니다. 그래도 마땅한 여배우를 고르지 못하고 남자 주인공인 래트버틀러(클라크 게이블 분) 상대역을 결정짓지 못한 채 애틀랜타의 불붙는 장면을 먼저 촬영했는데, 그 현장에 구경나온 사람들 중에서 불타오르는 화염에 반사된 비비안 리의 옆얼굴이 순간적으로 인상 깊어 그 빈자리의 여주인공으로 발탁하였다고 합니다.

아니, '비비안 리'도 가만히 생각해보니 이코폴로의 할머니뻘 되는 이씨(李氏)인데 그 할머니는 또 언제 미국으로 이민 가서 영화까지 찍었는지 꼭 물어보고 싶더군요.

어느새 해는 지고 서쪽하늘이 석양빛에 물들고 있었는데, 이미 비비안 리는 바람과 함께 하늘나라로 사라졌지만 애틀랜타는 아직도 미국 남부의 중심도시로 우뚝 서 있었습니다. 아무리 눈 씻고 찾아보아도 애틋한 사랑을 나눌만한 처녀는 고사하고 과부조차 보이지도 않는데도 이씨들이 주름잡던 도시의 밤은 무심하게 깊어가더군요.

낭만의 LYCOMING

보고 싶은 마르코 폴로 선생!

미국은 환경문제를 많이 떠들어대는 나라이므로 우리는 흔히 미국이 가장 공해에 찌든 나라라고 생각하기 쉽지요. 하지만 막상 여행을 해보면 미국처럼 환경이 잘 보존된 나라도 드물더군요. 뉴욕만 해도 세계에서 인구가 많은 도시라고 알지만 맨해튼 시내는 공기가 깨끗하여 중국의 상하이는 물론이고 서울보다 숨쉬기가 편할 뿐 아니라 와이셔츠를 이틀 입어도 깃이 깨끗하니 참으로 신기할 정도입니다.

아내와 함께 간 뉴욕은 세계의 서울답게 번잡하지만 꼭 보고 싶은 곳이 월가와 브로드웨이였습니다. 월가는 당연히 세계금

융의 중심지이니 도대체 돈이 얼마나 굴러다니는지 보고 싶었고, 브로드웨이는 일년내내 좋은 공연이 많다고 하니 하나쯤 보고 오는 호사를 누리고 싶었지요. 하지만 막상 우리가 본 거리는 그저 그렇구나 하는 느낌이었습니다. 여의도 금융가나 대학로 수준이라면 좀 과한 비교일지는 몰라도 일삼아 돈 들여 올 곳은 아니라는 기분이었지요.

오히려 센트럴파크는 뉴욕의 허파라고 하듯이 마천루의 숲 속에 있는 원시림이니 시민들을 위해 천만다행이고 기분 좋은 구경거리였습니다.

뉴욕에서 업무를 얼른 마치고 십년지기 미국인 친구가 사는 라이커밍으로 갔습니다. 그곳은 아파라치안 산맥 서부에 있는, 뉴욕에서 5시간쯤 차를 몰고 가는 산골짜기의 작은 도시, 윌리암스포트의 마을이랍니다. 그곳에 사는 미스터 버드 윌리암스와는 사귄 지 10년이 넘었지만 지금도 미국에 가면 꼭 들러 보지요. 그의 집은 산속에 있는 아담한 단독주택인데 작고 예쁘답니다.

평소에 아내에게 그 집 자랑을 많이 했으니 원시림 속에 있는 그의 집, 사슴이 뛰노는 뒷동산과 착하기만 한 그들 부부의 사는 모습을 꼭 한번 보여주고 싶었답니다. 공항에서 비싼 돈 주고 차를 한 대 빌렸는데, 손에 익은 한국산 자동차라서 편하게 몰았지요. 차를 빌릴 때 내비게이션도 부탁했지만 모두 임대해주어 없다고 하니 할 수 없이 지도를 몇 장 얻어 아내를 인간 내비게이션 역할 하도록 하고 차를 몰았습니다.

미국 동부지역은 뉴욕을 조금만 벗어나면 나무가 우거져서 원시림을 이루는데, 인간은 역시 물과 나무숲에서 살아온 생명체답게 우리 부부도 푸른 숲을 지나니 안정감을 느끼며 펜실베이니아주로 넘어갔습니다. 라이커밍 근처로 접어드니 내 기분은 이미 고향집에 온 듯한데, 작은 강이 흐르고 언덕마다 푸른빛이 감도는 봄이라서 아내도 좋아하였습니다.

반갑게 맞아주는 버드 윌리엄스와 그의 집으로 가서 여장을 풀었습니다. 그의 집은 산속으로 굽이굽이 들어가야 하는데, 그 위로는 딱 한 사람의 이웃이 있다고 합니다. 200년 전에 자연석을 쌓아 집터를 만들고 통나무를 대충 도끼로 다듬어 세운 기둥과 대들보가 옛날 인디언의 집이었음을 웅변하고 있었습니다. 그가 스무 살에 결혼하고, 그 집을 구입해서 현대식으로 수리한 후 지금까지 살고 있는데, 그의 땀 냄새가 곳곳에

배어 있더군요.

외딴곳에 살고 있으니 총은 기본으로 가지고 있어야 하는지 각종 라이플과 권총까지 다양하게 가지고 있고, 사냥철에는 집 주변에 살고 있는 사슴을 사냥하고는 한답니다. 그의 아내도 총을 잘 쏘는지 사냥한 사슴을 박제한 것이 여기저기 있는데 혹시 밤에는 사슴의 유령이 나오지나 않을지 걱정 되었답니다.

버드는 부부동반으로 왔다고 특별 이벤트를 준비해 두었더군요. 바로 사격연습이었습니다. 동네 사격장으로 우리를 안내하더니 고급 사냥총으로 100미터도 넘는 거리에 있는 과녁을 망원렌즈로 조준하여 맞히어 보았는데, 한국에서 예비군훈련 때 연습한 실력이 있어서 성적이 좋았답니다.

다시 마을로 돌아오는 길에 '홍콩'이라는 음식점이 보여서 미국 스테이크보다는 그래도 동방의 음식이 좋을 듯하여 들어가자고 하였습니다. 일주일이나 양식만 먹었더니 뱃속이 데모를 하는 중이었거든요. 안으로 들어가자 동방의 아줌마가 반갑게 맞아주다가 우리 부부가 한국말을 하는 것을 보더니 유창한 한국말로 인사를 하는 것이었습니다. 바로 미국으로 이민 온 한국 여인네였습니다. 병아리 감별사로 왔다가 지금은 음식점을 운영한다고 하더군요. 특별 요리로 김치를 내놓는데, 환상이었습니다.

이튿날은 아내와 함께 네발 오토바이를 타고 뒷산에 올랐습니다. 여기저기서 사슴이 껑충껑충 뛰는데 놀라는 아내의 표정은 남편의 말이 결코 과장이 아니었음을 증명하고 있었습니다. 집 앞에 펼쳐진 유채밭에는 야생칠면조가 노닐고 밤이면 초승달이 교교히 비추는 곳에는 낭만이 안개처럼 퍼지더군요.

다음날 아침, 늦잠을 자고 나니 빈집에 우리뿐이었습니다. 깜짝 놀라 집안을 살펴보니 식탁에는 우리가 먹을 빵과 우유가 가지런히 놓여 있었고 워낙 부지런한 부부가 모두 나갔더군요. 그 집 여주인은 얼룩이를 좋아하는지 여러 가지 인형이나 모형들이 모두 얼룩이였습니다. 젖소, 송아지, 개마저 달마시안의 모형이더군요.

토스트를 만들어 먹으며 한참을 기다리니 버드가 돌아왔습니다. 그날 아침 아내의 첫째 오빠가 천수를 다하고 하늘의 부

르심을 받았다고 하더군요. 잠시 후 그의 아내 캐시가 오더니 남편 품에 안겨 울먹이는데, "It is begin of end."라고 하여서 세상 끝의 시작이란 말이냐고 물으니 그녀의 형제는 모두 9남매인데 첫째 오빠가 죽었으니 형제들의 하직이 시작되었다는 뜻이랍니다. 아! 그렇게 한 세대가 끝나감을 보면서 세월이 무섭게 빨리 흐른다고 우리는 한숨지었습니다.

그의 회사는 작은 강변에 있는데, 회사 옆에는 어머니가 혼자 사시는 집이 있어서 그곳에 갈 때면 노인들을 방문하는 동방예의지국의 풍습에 따라 과자라도 사 들고 가던 버릇대로 아내와 함께 들어갔습니다. 그의 어머니는 불과 일 년 사이에 많이 여위고 늙으셨더군요. 치매가 시작되어서 기억력이 많이 나빠지기는 했지만 친절하게 우리를 데리고 집안 구석구석을 안내해주셨습니다. 집안에는 천사인형이 특히 많아서 할머니는 돌아가시면 천사가 되어 그 집으로 내려오실 것만 같았습니다.

며칠을 잘 쉬고 돌아오면서 보니 라이커밍 강은 긴 세월을 두고 흘렀듯이 태어나는 아기들이 자라 그곳에 다시 묻히는 모습을 보면서 새봄이 되면 낭만을 꽃으로 피워내겠지요.

마지막 동전

마르코 폴로 선생!

선생이 일찍이 중앙아시아의 고비사막을 건널 때 가장 반가운 곳은 오아시스였겠지요. 미국의 서부 네바다사막에는 작은 오아시스가 변하여된 유명한 환락의 도시가 있는데 '라스베이거스' 라고 합니다. 우선 환락의 도시가 사막 가운데 세워진 것부터가 좀 우습지 않습니까? 낙타 타고 지나가는 대상(隊商)이 많은 것도 아니고, 현대판 낙타인 화물 수송 트럭이라도 역시 지나다니는 일이 많지는 않아서, 그 많은 호텔이 필요한 것은 절대 아닙니다. 그럼에도 불구하고 이 지역이 도박과 환락의 도시로 발전한 것은 순전히 '벅시' 라고 하는 마피아 총잡이의 환상 덕분이었습니다.

그에 관한 영화 '벅시'에 의하면, 제2차 세계대전이 끝나가던 무렵에, 그는 도박이 합법적으로 허용된 '네바다' 주의 사막 가운데에 도박 전용 호텔과 위락 시설을 만들 꿈을 꾸었지요. 그의 꿈은 오늘날 후버 댐의 풍부한 전기와 물을 끌어다가 세계 제일의 환락 도시로 이루어졌습니다. 초기에는 어른 전용의 도박장이었는데 지금은 어린이를 포함한 가족 단위의 손님이 더 많다고 하니 라스베이거스를 도박의 도시로 꾸민 벅시는 마피아의 총잡이답게 동료의 총을 맞고 죽었지만 그의 '성공한 환상'은 오늘날 더욱 번창하여 스트레스에 찌든 사람들의 현대판 오아시스가 되었더군요.

비행기에서 내려다보니 네바다주는 완전히 붉은 황토색의 사막으로 풀 한 포기 보이지 않더군요. 그런데 갑자기 대도시가 시야에 들어오기에 놀란 눈으로 내려다보니 그 유명한 라스베이거스였습니다. 우선 비행기에서 내려 공항 청사 안으로 들어가자 온통 '슬롯머신'이더군요. 한마디로 어이가 없습니다. 그런데, 세관 통과하는 잠시의 틈마저 노름을 즐기는 성질 급한 사람들 때문에 또 웃었습니다. 쯧쯧쯧…….

마침 주말이어서 라스베이거스는 전 세계에서 쏟아져 들어온 사람들이 들뜬 분위기로 온통 북적거리더군요.

라스베이거스에는 벅시가 시작할 때 '후라밍고'라는 초호화판 호텔을 지어 오늘의 기초를 닦았다는데, 지금 그 호텔은 차라리 초라해졌고, '시저'의 궁전을 능가하는 현대판 궁전들이 즐비하더군요. 어쩌면 각종 장식물마저 '시저'의 궁전 것이나 베르사유궁전 것을 모방했는지 걸작이고, 호텔 입구는 대형 분수가 시원스럽게 물을 품어대고, 야자나무가 싱싱하게 자라고 있는데 그 규모에 있어서 처음부터 세계의 떠돌이 '이코폴로'의 기를 팍 죽이더군요.

시저스팔레스 같은 최고급 호텔은 숙박비도 하룻밤에 300불 이상 가는 최고급인데도 이미 3개월 전에 예약이 끝나 방을 빌려줄 수 없다고 하고, 할 수 없이 최근에 개업한 '몬테카를로' 호텔에서 여장을 풀었지요. 아니, 세상에는 금고가 터지도록 돈 많은 사람들이 사막도시가 터지도록 많은지 미처 몰랐습니다. 단순히 잠 한번 자는데 300달러 이상이라니! 더구나 아침식사를 주는 것도 아니면서 그렇습니다. 그런데도 그 돈을 지불하지 못해 안달하는 사람들이 줄을 서 있다니 말입니다. 마르코 폴로 선생 시절에 300달러면 낙타 한 필은 족히 사고도 남았을 테지요.

호텔 로비로 들어서니 30명쯤 되는 후론트 카운터의 접수원들이 밀려드는 손님들을 주체하지 못하고 즐거운 비명을 지르고 있더군요. 로비는 아예 슬롯머신과 블랙잭 판으로 가득 차 있고 웅성대는 분위기가 사람들 혼을 쏙 빼는데, 혼이 나가는 만큼 주머닛돈도 나가는 현장을 쉽게 목격할 수 있었습니다. 호텔 종업원들은 하나같이 철저할 정도로 친절한데, 그게 모두 '친절의 체감온도' 만큼 팁의 액수도 높다는 것을 잘 알고 있는 라스베이거스의 문화였습니다. 호텔, 도박장, 술집 등 모든 곳이 팁의 천국이었으니까요.

여장을 풀고 도박장으로 내려갔습니다. 그런데 재미있는 것은 그 도박장에 걸려 있는 대형 벽화였습니다. 젊고 아리따운 여자가 여러 명의 블랙잭딜러의 앞에서 상기된 표정으로 옷을 벗는 모습이었습니다. 가슴이 풍만해서 보기는 좋았습니다만, 아무리 보아도 그 그림이 이해되지 않아 무슨 뜻이냐고 물었지요. 도박을 하다가 돈을 모두 잃은 아가씨가 약이 올라 옷이라도 담보로 하겠다고 벗는 모습으로서, 코믹하지만 경종을 울리는 그림이라고 하더군요.

그 경종에도 불구하고 이코폴로도 포카판에 서는 용기를 냈습니다. 순간이더군요. 분명 120달러까지 땄었는데 그 돈을 더해서 300달러를 잃는데 불과 한 시간이 채 안 걸렸으니 말이죠. 그때 마침 친구가 불렀으니 망정이지 재수가 오르락내리락하는데 정말 옷마저 벗는 것이 시간문제더군요. 그날 밤은 잃어버린 피 같은 돈 때문에 도저히 잠을 이룰 수가 없었지만 맥주나 마시다가 잠자리에 들 수밖에 없었습니다.

이튿날 밤에는 시내 구경을 나갔습니다. 시내 중심에 있는 시저스팔레스호텔 앞에는 인공 화산이 갑자기 불을 뿜는데 그 옛날 후지산의 분화구를 옮겨 놓았더군요. 그 옆에는 나이아가라 폭포 같은 물줄기가 또 다른 장관을 이루고, 그 정원을 인공으로 꾸미는데 2,000만 달러가 들었다고 하니 미국 환락자본의 저력을 실감하게 하더군요. 그런 장관에 놀라 넋을 잃고 있는데 자주 그곳을 구경한 친구는 나를 촌놈 취급하면서 '쇼걸' 이라는 이름의 누드쇼 하는 곳으로 안내하더군요. 그 곳에서 나는 한국과는 너무 다른 문화의 차이를 보았답니다.

『플레이보이』 집지에서 보던 그런 미모의 서방 처녀(?)들이 바로 잡지 속의 그런 모습으로 속살을 보여주는데, 그녀들은 전혀 어색함이 없이 생글생글 웃으며 춤을 추더군요. 그렇지만 이상하게 나는 얼굴이 붉어지고 숨이 턱턱 막히더라고요. 나 같은 숙맥 손님이 쇼크사 할 것을 예방하는 차원에서인지 술은 절대로 팔지를 않고 주스 한 잔씩을 주는데 나중에 생각하니 천만다행이었습니다. 그곳에는 철저한 '돈의 법칙'이 있어서, 돈의 액수에 따라 여자가 은밀한 곳을 보여 주는 서비스의 정도가 다르다고 하더군요.

20불을 내면 조금 후미진 곳에서 서너 명이 따로 쇼를 보고, 30불을 내면 골방에서 혼자에게만 쇼를 보여주는데 절대로 손을 댈 수는 없으니 감질나겠더군요. 돈 없는 서민은 그저 홀의 커다란 무대 위에서 춤추는 댄서들을 감상할 수밖에 없지요.

이튿날은 아침 일찍 일어나 사막 멀리까지 가 보았습니다. 30분쯤 운전하고 가니 그 옛날 사막 가운데 있던 금광의 모습을 재현한 작은 박물관이 있더군요. 삐쩍 마른 광부의 모습, 그들이 쓰던 곡괭이, 목사의 모습, 협궤 열차 등등 재미있게 꾸며 놓았는데 미국의 과거는 결코 부유하지 않았던 것을 보여주더군요. 하여간 마르코 선생의 후손인 서방 사람들은 그렇게 역사박물관 만들기를 좋아해서 서방세계의 가는 곳마다 작지만 아기자기하게 만들어놓은 '동네 박물관'을 서방세계를 여행하면서 자주 보고는 했습니다.

그 박물관을 나오니 저편 언덕에 야생 당나귀 두 마리가 한가롭게 사람들이 주는 당근을 받아먹고 있더군요. 함께 간 미국 친구의 말에 의하면 서방 사람들이 미국 땅에 이주해오기 전에는 인디언과 더불어 2,000만 마리의 야생 들소가 살고 있었다고 하니 그 들소들이 무리 지어 뛰어 다닌다면 그 모습은 대자연(大自然)의 서사시(敍事詩)일 것입니다. 그날은 그곳에서 한 마리도 볼 수 없었던 것이 섭섭했지만, 서방 사람들이 인디언을 쫓아내고 삶의 새로운 터전을 닦은 결과이니 개척을 좋아하던 마르코 폴로 선생의 후손들 탓이더군요.

목적했던 중장비전시회를 마치고 귀국하려고 라스베이거스 비행장으로 갔는데 마지막까지 나를 놀라게 한 것이 있지요. 바로 그 슬롯머신이었습니다. 라스베이거스가 도박의 도시이고, 시내 곳곳을 도박 관련 기계로 채워 놓았으면서도 떠나는 출국장까지 즐비하게 설치해 놓아 관광객들의 돈을 마지막까지 긁어 가너군요.

그런데 며칠째 서양 음식만 먹었더니 설사가 나와 급히 화장실에서 바지를 내리고 인상을 한참 찡그렸는데, 화장실에 까지 또 작은 슬롯머신이 있더군요. 가만히 생각하니 도박장에서 잃어버린 귀한 달러를 되찾을 수 있는 마지막 기회라고 생각되어 그 급한 와중에도 동전을 몽땅 꺼내 승부수를 띄웠습니다. 하지만 '혹시나'는 '역시나'로 끝나더군요. 그때서야 어느 잡지에서 읽은 글이 머리를 스치더군요. LA, 혹은 샌프란시스코 등 서부지역 사람들은 주말이면 차를 몰고 라스베이거스로 오는데, 고속도로에는 노상강도가 많다고 합니다. 만약 고속도로 위에서 차가 고장 나면 몽땅 털린다고 각오해야 한답니다. 그런데 그 노상강도는 라스베이거스로 가는 방향에만 있고, 그곳에서 돌아오는 길에는 하나도 없답니다. 답은 간단하지요. 라스베이거스에서 돈 남겨오는 사람은 역사상 없었을 테니까 털어 보았자 먼지뿐이다 이거죠.

아무리 생각해도 라스베이거스는 '마지막 동전 한 닢'까지 알뜰하게 낚아채는 지독한 곳이더군요. 미국이 자랑하는 작가 O. HENRY가 지금도 살아 있다면 그의 걸작 「마지막 잎새」는 제목이 '마지막 동전'으로 바뀌었을지도 모릅니다.

골드 러쉬

마르코 폴로 선생을 위해 이번엔 미국의 서부개척사를 들려드릴까 합니다. 미국역사에는 '골드 러쉬' 라는 말이 나오는데 오늘날 LA나 샌프란시스코는 완전히 골드 러시 덕분에 생겨난 도시입니다.

때는 1848년 늦은 가을날이었죠. 샌프란시스코라고 하는 아수 작은 마을에 사는 농장 주인이었던 사타 영감님은 발코니에 놓인 흔들의자에 앉아 지는 석양 노을에 몸을 맡기고는 즐거운 꿈을 꾸고 있었습니다. 그때 헐떡이며 말을 달려온 중년의 농부가 영감님을 흔들어 깨웠는데 그는 말 타고 한나절을 가야 하는 샌크라멘토에 있는 아메리칸 강 근처의 농장에서 소작을 붙여 먹고 사는 사람이었습니다. 그의 손에는 자연산 금덩어리가 하나 쥐어져 있었지요. 그날 농장에서 우연히 발견한 것이라고 했습니다.

아침나절에 농부는 밭을 갈다가 흙 묻은 누런색 돌덩어리를 주웠는데, 옆에서 빨래를 삶던 늙은 아내에게 던져주며 "마누라, 여기 금덩어리나 가져!" 하고 장난 삼아 던져 주었는데 그녀는 남편에게 "당신이나 가져!" 하며 도로 던졌답니다. 그런데 그 돌덩어리는 실수로 빨래 삶던 솥에 빠졌고, 나중에 헹구어 보니 정말 황금덩어리였다고 합니다. 그래서 순박한 농부는 주인 영감에게 들고 뛰었다지요.

그 황금을 받은 사타 영감님은 뭔가 불길한 일이 생길 것만 같은 예감에 절대로 이러한 사실을 말하지 말라고 소작인의 입을 꿰맸지만 그 소문은 '임금님의 당나귀 귀' 가 되어 바람을 타고 멀리멀리 퍼져 나갔습니다. 그래서 소문에 홀린 여러 사람들이 그 농장으로 가서 여기저기 파 보았는데, 아! 글쎄 금이 나오는 것이었습니다.

이 소문은 뻥튀기 되어 미국의 동부로 퍼져 나갔고 가난하게 살던 동부의 유럽 이민자들은 벼락부자의 꿈을 안고 포장마차를 몰아 아파라치안 산맥을 넘고 미국 중부의 사막과 록키 산맥을 넘어 인디언과 사투를 벌리며 서부로 몰려들었습니다. 들려오는 소문에 의하면 황금이 무처럼 쑥쑥 뽑힌다는데 왜 안가겠습니까? 또 다른 일단의 사람들은 범선을 타고 남아메리카 대륙을 돌아 캘리포니아까지 오거나 파나마에서 육로로 건너 태평양에서 다시 배를 얻어 타고 미국 서부 해안으로 올라갔습니다. 그때는 파나마 운하가 아직 없었으니까요. 그런데 배는 미국의 서부 해안에 한번 도착하면 다시는 돌아 갈 수 없었습니다. 선장을 비롯한 모든 승무원들마저 배를 버리고 금 캐러 삽자루 들고 뛰었으니까요. 이듬해인 1849년에는 아시아대륙에서조차 그 소문을 듣고 중국 사람들이 몰려갔다고 하니 하여간 대단했던 모양입니다.

불과 2년 사이에 인구가 팔천 명에서 십만 명이 넘었다고 하니 작은 시골의 촌락이었던 샌프란시스코는 갑자기 대도시로 변하게 되었지요. 돈이 도는 곳에 술집이 생기고, 예쁜 아가씨가 모이고, 또한 조직폭력배가 기생하게 마련입니다. 가끔 금 캐서 횡재한 돈은 술집에서 아가씨의 부드러운 손에 털리고 거기에 기생하는 조직폭력배들에게 흘러 들어가고는 했는데

이를 둘러싼 암투가 지금까지 서부활극의 주요 소재거리입니다.

그런데, 그 후 10년 동안 5억 5천만 달러어치의 금이 쏟아져 나오던 곳은 사타 영감의 사유지였는데, 그 규모가 경기도와 충청도를 합한 면적이었다고 하는군요. 그때는 땅이 불모지이고 땅값이 워낙 싸서 거저나 다름없는 가격에 불하받은 때문이었지요. 하지만 사람들이 워낙 한꺼번에 몰려들어 제멋대로 여기저기 무허가로 집 짓고 살면서 설쳐대니 주인 영감도 어찌할 도리가 없었습니다. 후일, 지역사회가 안정될 즈음에 영감님은 주정부를 상대로 한 재판에서 이겨 미국 예산만큼이나 엄청난 배상 판결을 받았지만, 그 판결이 신문에 보도되자 그날 밤 성난 군중이 사타 영감님의 집에 몰려들어 집을 불태우고 아들을 죽이고는 재판소마저 불 질러 버렸습니다. 가끔 법은 다수의 힘 앞에 맥없이 주저앉는 모양입니다. 간신히 탈출한 사타 영감은 미국 최고의 부자일 뻔했지만, 노년에는 의사당이 있는 워싱턴에 가서 의원들을 상대로 탄원하며 다니다가 싸구려 여관방에서 쓸쓸히 죽어갔다고 합니다.

대부분 금을 찾아 간 사람들은 복권처럼 뻥튀기 된 소문에 당하여 꽝하고 꿈 깨지는 소리만 들었을 뿐이었고 금은 만져보지도 못한 사람이 많았습니다. 다시 집으로 돌아가기에는 송별회 때 얻어먹은 술자리가 창피한 노릇인데다가 기후도 좋아서 농사지으며 눌러 살기로 했답니다. 그렇게 생긴 도시들이 지금 미국의 서부 해안에 별처럼 반짝이고 있지요.

생각해보면 그러한 골드 러시 기간 중 가장 돈을 많이 번 사람은 금을 캔 광부가 아니라 텐트 만들다 남은 천으로 청바지를 만들어 판 리바이스진 회사입니다. 세상은 재주 부리는 사람 따로, 돈 버는 사람 따로 있다는 것이 분명하더군요. 그리고 그 리바이스 청바지 회사는 한국에서마저 젊은이들을 상대로 금을 캐고 있으니 청바지처럼 질긴 회사입니다.

에드몬톤의 선교사

그 옛날, 캐나다는 나라 이름을 지어달라고 세종대왕께 와서 물었는데, 워낙 여러 나라에서 와서 부탁을 하여 짜증스러워진 세종대왕께서는, "허허, 귀찮으니 '가나다' 순서로 해라" 하셨는데 제대로 알아듣지 못한 내시가 "캐나다로 하랍신다!" 해서 생긴 나라라고 합니다. 막상 가보니 주로 유럽에서 이사간 서방 사람들이 많이 살더군요.

마르코 폴로 선생! 제가 그곳에서 발견한 것은 예수로 대표되는 종교의 위대한 힘이었습니다. 눈이 쌓이면 사람 키보다 더 높이 쌓이고, 바람이 불면 북극의 매서운 바람이 살을 베어내는 듯하다, 그 오지(奧地)에도 서방 신부들이 들어가 말도

통하지 않는 원주민에게 그리스도교를 전파하고 다녔다는 사실에 나는 감동하지 않을 수 없었습니다.

그러니까 내가 캐나다를 방문한 것은 1994년 늦은 가을이었죠.

캐나다의 중부 앨버타주에는 '에드몬튼'이라는 석유 채굴 지역의 중심도시가 있습니다. '이코폴로'도 마르코 폴로 선생처럼 국제적으로 장사하는 것이 직업이니 어딘들 못 가겠습니까?

이미 견본품도 보내서 합격했고, 가격도 경쟁력이 있고, 무엇보다 서로 솔직하게 이야기하니 상담은 쉽게 끝나고 말았습니다. 3일은 걸릴 것으로 예상했던 상담은 불과 하루 만에 끝나버려 이튿날에는 시내 관광을 하기로 했습니다.

하지만 금강산도 식후경인데, 뱃속에서는 설사를 준비하고 있었습니다. 체면불구하고 나의 거래처 직원에게 심각한 표정으로 말을 꺼냈습니다.

"집을 떠나 며칠 지나니 한국 음식이 먹고 싶은데 혹시 이곳에도 한국 식당이 있나요?" 물론 나는 그 북극에 가까운 도시에 한국 식당이 있으리라고는 기대하지 않았답니다.

"한 군데 있어요. 맛도 근사하던데요. 김치말예요." 그 소리는 복음처럼 내 귀를 울리더군요. 마치 이탈리아가 고향인 마르코 선생이 중국의 시골 동네에서 피자집을 만난 것과 같은 기분이었다면 이해가 되실 겁니다.

우리는 신나게 차를 몰아 그곳으로 갔지요. '신라정'이라고 기억하는 그 음식점에 가니 우선 한국말로 이야기하는 사람들이 있다는 것이 신기했습니다. '의지의 한국인, 시골구석에도 진출했구나!' 뭐, 그런 기분이었지요. 불고기, 된장찌개, 김치찌개, 도토리묵, 그리고 동동주까지 한 병 시켜 정말 푸짐하게 먹었습니다. 함께 간 캐나다 숙녀들도 아주 맛있게 먹는데, 새삼 김치가 이제는 세계적인 음식이 되었음을 실감했답니다.

동동주에 기분이 좋아져 우리는 관광을 나갔습니다. 지나가다 보니 매우 오래된 성당이 저의 발길을 잡았습니다. 거침없이 들어가 보니 그 옛 건물은 작은 박물관으로 만들어 놓았고, 옆에 현대식의 대형 성당을 새로 지었더군요.

그 박물관에서는 할아버지 신부님이 멀리 동방에서 온 나그네를 '동방박사' 쯤으로 알았는지 매우 친절하게 안내해줬습니다.

여러 개의 작은 방에 진열된 유품들은 그 지방이 늪지대로서 에스키모와 인디언이 유목 생활을 하던 미개한 곳이었음을 잘 보여주고 있더군요. 옛날에 그곳에 복음을 전파하기 위해 파견된 프랑스 신부의 고생담이 서리서리 엮여 있는데, 그 신부님이 쓰던 낡은 도끼와, 반지그릇, 물레, 작은 노트 등이 마치 신석기 시대의 유물을 진열하여 놓은 것 같더군요. 과연 무엇이 그 신부를 이 땅 끝 오지까지 불러들였는지 나는 자못 종교적 고민에 잠겨 그 성당을 나왔습니다.

생각해보면, 우리 동방은 마르코 선생의 『동방견문록』 피해자일 수도 있습니다. 서방 사람들은 후일 우리 동방을 침략할 때 선생의 작품을 크게 참고했을 터이니 말이죠. '쿠빌라이 칸'이 누리던 영화가 부러웠을 터이고, 많다는 황금과 보화가 탐이 나기도 했겠지요.

서방 사람들은 '하느님의 말씀'을 전하러 세상 끝까지 가는 총각 신부들의 안전을 보장한다는 명분으로 다른 나라에 군대를 파견하고, 만약 사고라도 나면 다시 군대를 증원하고, 그래서 꿀꺽 식민지로 만들고는 한 것이 근대의 세계사이니까요.

그 할아버시 신부님은 그런 영토 개척에는 물론 관심이 없었고, 오직 신부로서의 사명감에 불타 그곳에 가게 되었고, 마차를 타고 다니며 강론을 했다는데 여름에는 그 지역이 온통 늪으로 변하여 고생했고, 겨울이면 산처럼 쌓인 눈으로 꼼짝 못하는 고통의 세월을 살았다고 하더군요. 그 지역에는 작은 강이 많아서 뗏목 같은 배를 타고 다니기도 했다고 합니다.

지금 그 평원에는 원유를 퍼내는, 마치 메뚜기 머리 같은 오일펌프가 하루 종일 꺼떡거리고 있으니 오히려 복 받은 땅이더군요. 그 지역은 원유가 많아서 그렇게 퍼내기도 하지만, 원유를 흠뻑 먹은 모래를 퍼내어 원심 분리 방식으로 원유를 추출하기도 한다고 하더군요. 하여간 옛날에 조물주께서 천연자원을 지구 곳곳에 뿌리고 다닐 때 그곳에서는 손이 시려워 너무 많은 양의 원유를 놓쳐 버린 것 같습니다.

우리나라도 조상들이 투철한 종교를 갖고 있었다면 이런 지역에 선교사를 파견하여 원유를 선점했더라면 좋았을 텐데 하는 생각과 함께 인생을 바쳐 예수교를 전파한 젊은 신부의 종교적 신념이 새삼 존경스러운 여행이었습니다.

"Of course" 할아버지

존경하는 마르코 폴로 선생,

추운 나라 캐나다를 여행하며 만난 할아버지 이야기를 하고 싶습니다. '나이는 역시 숫자에 불과할 뿐' 이라는 교훈을 얻은 즐거운 추억이랍니다.

토론토에서 4시간쯤 북쪽으로 운전하고 가니 ALBAN이라는 곳이고, 다시 시골길을 따라 가면 SAENCHIUR FLECHEY 라는 곳에 가게 되지요. 물론 캐나다가 숲으로 덮인 나라이기는 하지만, 내가 만나러 간 '미스터 렉' 이 사는 곳은 아예 원시림 사이를 달려서 도착한 숲 속의 호숫가이더군요. 눈 덮인 호수에 걸쳐 있는 작은 보트에는 지난여름의 낭만이 흔적처럼 남아 있지만 한겨울이라서 스노우카가 더 어울리더군요.

기계공장을 운영하는 Mr. Rick이 취미로 지었다는 캠프장 겸 레스토랑이 호숫가에 있었습니다. 통나무로 지은 멋진 집이지요. 레스토랑으로 쓰는 큰 건물을 둘러싸고는 작은 통나무 오두막이 숲 속 여기저기에 산재되어 있어서 가족 단위로 와서 쉬고 가기에는 아주 좋은 곳이었습니다.

레스토랑은 실내도 온통 목재로 덮였고, 높다란 이 층 식당까지 멋진 자연의 풍미를 간직하고 있었습니다. 벽에는 사슴

박제가 걸려 있고, 호수에서 잡았다는 송어가 박제되어 1미터는 훨씬 넘는 크기를 자랑하고 있었습니다.

벽에 설치된 벽난로에서는 장작불이 조용히 타고, 동방에서 멀리 날아온 에트랑제, 이코폴로는 흔들의자에 길게 앉아 잠시 졸린 기분을 즐겼습니다. 마침 그날은 금요일이고, 주말이라서 손님이 많은 밤늦은 시간이 되자 어느새 홀은 흥겹게 만취한 손님으로 가득 차더군요. 나도 그들과 어울려 부어라 마셔라 해대며 할머니들을 껴안고 춤도 추고 노래도 부르면서 재미있게 놀았습니다.

너무 늦은 밤까지 술을 마신데다가 분위기에 취하니 이튿날 아침에는 늦게야 일어날 수 있었습니다. 물론 해장국 생각이 간절했지만 그런 것이 있을 리가 없으니 커피와 토스트로 아침식사를 대신하고 스노우카를 타고 호수를 가로질러 달렸습니다.

호숫가로 끝없이 펼쳐진 원시림이 그 옛날부터 내려온 하느님의 섭리를 웅변하고 있었습니다. 저 숲 속을 야생 들소들이 떼 지어 다녔고, 인디언들이 창을 날려 사냥하는 모습이 눈에 선하였습니다. 그들은 모두 어디로 간 것일까 물으며 뒤를 돌

ARCTIC CAT

아보니 철망 너머로 “나 여기 있어……” 하고 고개를 내밀더군요. 바로 엘크 사슴이었습니다.

뿔이 멋지게 난 녀석은 내게 그곳 사연을 들려주고 싶은지 한참 쳐다보더군요. 이렇게 겨울이 되면 곰도 가끔 내려온다고 합니다. 소리쳐서 쫓아버리면 다시 숲으로 돌아 간다지요.

자연 속에 파묻혀 사는 모습이 무척 부러운데, 주인장은 취미가 다양해서 낮에는 그의 공장에서 중장비를 직접 만들고, 저녁이면 호숫가 식당에서 요리도 하고 웨이터 노릇도 하면서 간간히 피아노도 치고 노래도 부르면서 흥을 돋우고는 했습니다.

그의 부인은 프랑스 출신으로 근처 초등학교의 교장 선생님입니다. 부인은 선생님답게 이 고장 이름의 뜻을 설명해 주었습니다. SAENCHIUR FLECHEY는 털로 만든 목도리인데, 그 옛날 프랑스 사람들이 이곳의 산속을 헤매고 다닐 때 여러 용도로 쓰던 것이라고 하더군요.

그날 오후에는 숲 속에 있는 그의 SUGAR SHACK(CABIN)에 가서 메이플 시럽을 만들었답니다. 단풍나무에 구멍을 뚫고 양동이를 매달아 놓으니 수액이 한 방울씩 통속으로 떨

어지더군요.

하루쯤 지나니 꽤 많은 양이 모였는데, 워낙 여러 나무에서 수액을 채취하니 많이도 모이더군요. 숲이 온통 단풍나무뿐이니 말입니다. 그 수액을 장작불로 끓여서 졸이니 달콤한 시럽이 되더군요.

그곳에서 중장비를 사러온 할아버지를 만났는데, 그는 칠레 사람이라고 하더군요. 지금은 은퇴했을 나이인데도 큰 회사에서 중장비 구매를 담당하는 중역이고, 페루에 있는 큰 공사에 조달할 기계를 사러 왔다고 합니다.

쉰 살쯤 되어보여서 슬쩍 나이를 물으니 그냥 웃기만 하더군요. 그래서 자식식들은 몇이나 두셨냐고 묻자 가톨릭 신자인 그는 자식을 생기는 대로 낳아서 다섯이라고 하더군요. 큰아들이 47살이라고 하며, 자기 나이를 짐작하겠느냐고 하더군요. 70내 중반이라고 해서 깜짝 놀랐습니다.

그는 여기서 장비를 검사한 다음에는 독일로 가서 다른 장비를 사야하고, 다시 스페인으로 가서 중고장비를 계약하고는 그 길로 스웨덴에 가서 새 장비를 세대 주문해야 한다나요. 그리고는 5월 조순에 칠레에 있는 가족에게 돌아 갈 예정이라고

합니다. 나는 70이 넘은 나이에 그렇게 정력적으로 일하는 할아버지가 신기한 생각이 들었습니다. 그래서 문득 옆을 지나가는 웨이츄리스 아가씨를 턱으로 가르치며 물었습니다.

"아직도 젊은 처녀들에 관심이 있어요?"

사실은 좀 민망한 질문이지만 술 취한 척하고 물었지요. 그런데 대답은 분명하더군요. "Of course!" 였습니다.

역시 남자란 나이와 무관하게 정력적으로 일할 수 있다는 것이 바로 젊다는 뜻이고, 젊은 생각과 왕성한 활동이 아직도 그 'Of course' 할아버지를 더욱 힘차게 만드는 원동력이더군요.

그날 밤, 나도 언제까지나 할아버지처럼 "Of course!"를 힘차게 외치며 세계를 주름 잡고 다닐 수 있기를 간절히 빌었답니다.

스페인에 남은 알라의 흔적

함께 여행하고 싶은 마르코 폴로 선생,

오늘은 스페인에 남아 있는 알라의 흔적을 들려 드릴까 합니다. 나를 스페인까지 가게 한 상품은 건축용 타일이었습니다. 타일은 '알딸딸에어라인' 으로 악명 높은 이탈리아입니다만, 스페인에도 값은 이탈리아보다 싸고 품질은 이탈리아 못지않은 곳이 있는데 지명(地名)을 '카스떼욘(Castellon de la Plana) 이라고 하더군요.

아무리 항공여행이라도 지겨운 14시간을 하늘에서 보냈으니 지쳐 있는데, 바르셀로나 도착 시간 오후 1시. 화창하게 맑은 날씨에 기후가 좋아서 모든 일이 잘 풀릴 것 같은 예감이

들었습니다. "오! 솔레미오! 너 참 아름답다." 콧노래를 부르며 작고 아담한 공항을 빠져 나왔습니다. 우선 바르셀로나의 명물, '성 가족 성당'을 구경해 볼 욕심이 불끈 솟아 뛰다시피 비행장을 빠져 나왔습니다.

그런데 말이죠, 공항을 빠져 나가보니 검은 머리에 파란 눈을 가진 스페인 사람들이 웅성웅성대고 있었는데 무슨 말인지 알 수는 없었지만 무언가 심상치 않다는 느낌이 들었습니다.

"교통수단 총파업!"

좋은 날씨에 모든 일이 잘될 것이라는 나의 예감도, 콧노래도, 한마디로 "김샜다!"이었습니다. 기차, 버스, 택시, 마차(만약 있었다면)까지, 하여간 대중 교통수단이라고 생긴 것은 총파업을 하고 있더군요. 그것도 무기한으로! 웅성대는 사람들은 운전사들이거나 헛걸음한 승객들이었습니다. 물론 날씨가 좋으니 파업하기도 좋았겠지만 이코폴로의 여행 계획도 또한 강제로 파업 당하고 말았습니다.

관광은커녕 우리는 어떻게 '카스떼욘'까지 갈 수 있느냐 하는 생계와 직결된 문제로 고민하게 되었습니다.

"궁하면 통한다."는 한국 속담이 있습니다. 나도 어딘가 있을 '통하는 길'을 찾아 고민하기 시작했습니다. 좀 순진하게 보이는 택시기사에게 다가가서 '카스떼욘'까지 어떻게 갈 수 없겠느냐고 구슬러보니, 살짝 화장실로 우리를 데리고 가서는 파업하는 동료들 몰래 갈 수는 있다고 하는 것입니다. 그런데 예상대로 뒤에 동그라미가 많이 달린 금액을 제시하더군요. 생각해보면 스페인은 그 옛날부터 항해술이 발달하였으니 능히 천문학에도 달통하였을 것이고, 그래서 부르는 금액도 천문학적인가 봅니다. 몇몇 택시기사를 더 구슬려 보았지만 천문학적 금액이 우주학적 금액으로 바뀔 뿐 마찬가지였습니다. 물론 바르셀로나에서 하룻밤 자고 갈까도 생각했지만 파업이 이튿날 끝난다는 보장이 없어서 불안했고, 일단 '카스떼욘'까지는 가자는 동료의 주장으로 나는 다시 고민했지요. 그런데 역시 나보다는 나이를 더 먹은 동료가 경험에서 우러나오는 처방을 내리더군요.

공항에는 '렌터카' 회사가 여러 개 있었는데, 그런 회사의 창구를 어슬렁거리며 창구 아가씨들을 상대로 살짝 경쟁을 붙였지요. 그랬더니 천문학적이던 금액이 지구학적 금액으로, 다시 스페인적 액수로 폭락하는 것이 아니겠습니까! "사실은 내 동생이 자가용 운전을 하기는 하는데….” 라고 말꼬리를 흐리면서 말이죠.

그렇게 해서 우리는 스페인어만 유창하게 잘하는 젊은 기사가 운전하는 폐차 직전의 승용차에 몸을 실었습니다. 정확하게 표현해서 목숨을 걸고 해안으로 난 고속도로를 달렸습니다. 왼편으로는 에메랄드빛 바다가 펼쳐져 있고 오른쪽으로는 오렌지 밭이 언덕 위로 펼쳐진 풍경이 과연 스페인답더군요.

그런데 그 젊은 운전기사 녀석은 우선 영어가 통하지를 않으니 답답한데다가, 그렇게 급속도로 달리면서도 계속 꾸벅꾸벅 조는 것이었습니다. 도중에 운전수를 바꿀 수도 없는 황당한 상황에서 급히 안주머니에 있는 ‘여행자 보험’ 증명서가 잘 있나 확인해야 했습니다.

이튿날 아침 일찍 일어나 호텔 주변을 한 바퀴 돌아보니 ‘카스떼욘’ 은 매우 작은 도시로서 우리나라의 읍소재지만한 크기인데, 손바닥만한 중심가를 지나면 모두 오렌지 농장이었습니다. 미리 연락한대로 거래처의 무역 담당 직원인 ‘카를로스’ 씨가 우리를 데리러 호텔로 왔습니다. 그는 훤칠한 키에 매우 미남의 젊은이였는데 쾌활한 성격의 전형적인 스페인 사람이었습니다.

언제나 스페인을 생각하면 나는 그가 나의 콧대를 꺾었던 기억이 나서 혼자 웃고는 합니다. 어느 날 우리 회사를 방문하여 이야기 하던 중, 벽에 걸린 세계지도에서 만주 벌판을 가리키며 내가 말했죠. "한때는 이 넓은 곳이 모두 우리나라 땅이었지. 광개토대왕 시절에 말이야." 나는 자못 정색을 하면서 자랑스럽게 말했습니다. 그랬더니 그는 피식 웃으며 벌떡 일어나 세계지도의 이곳, 저곳을 가리키며 말하는 것이었습니다.

"여기, 또 여기 그리고 여기가 모두 스페인 땅이었지."

그가 가리키는 곳은 유럽의 대부분, 아프리카 북부, 남아메리카의 대부분, 멕시코 지역, 동남아시아 일부 등, 하여간 정신없이 세계지도의 이곳저곳을 짚어 나가는 것이었습니다. 한때 세계를 넘나들던 해양 대국 스페인의 후예는 순간 나를 초라하게 만들었답니다.

스페인에서 첫 아침, 카를로스를 따라 그의 공장에 가 보니 한때 세계를 지배했던 나라답게 대규모의 공장에서 매우 우수한 품질의 타일을 완전 자동 설비로 생산해내고 있더군요. 그런데 그 일대의 지역에는 그런 공장이 10여 개나 있었으니 그 지역 공업 생산의 주종을 이루고 있고, 타일로 유명한 지역임을 실감나게 했습니다. 상담을 쉽게 끝내고나니 배가 고픈데 이 녀석 도대체 오후 1시가 지나도록 점심 먹으러 가자는 소리를 하지 않는 것이었습니다. 손님에게 점심식사도 대접하지 않는 장사꾼들이라고 생각하는데 뱃가죽이 등에 붙을 때쯤 카를로스가 식사하러 가자는 제의를 하더군요. 속이 상했지만 배가 너무 고파서 꾹 참고 따라갔습니다. 그는 우리를 언덕 위에 있는 고급 레스토랑으로 데리고 가서 최고급 요리로 푸짐하게 대접을 하는데 그게 좀 이상하더군요. 한참 정신없이 먹고 보니 배가 불러지고 마음의 여유도 생기더군요. 그런데, 그의 접시를 보니 반도 못 먹고 마냥 고기를 씹어대면서 종알종알 이야기를 끝도 없이 하는 것이었습니다.

"바쁜 일과시간에 이렇게 점심식사를 오래해도 되는 거요?"

나는 인상을 쓰고 있을 그의 사장 얼굴을 상상하며 물었습니다.

"우리는 점심식사 시간이 두 시간이야."

"뭐? 두 시간?"

나는 정색을 하면서 물었습니다.

"이곳 사람들은 보통 8시에 출근하여 일하다가 11시쯤 간단한 간식을 먹지요. 그리고 오후 2시부터 두 시간 동안 점심식사, 오후 5시에 퇴근하여 다시 간단히 커피 한 잔하지. 그리고 저녁식사는 보통 저녁 8시부터 시작해서 11시까지, 세 시간쯤 걸려서 하지요."

그때야 나는 그가 12시에 점심식사를 하러 가자는 말을 하지 않은 이유를 알게 되었습니다. 모두 국가마다 다른 문화의 차이였지요. 생각해보면, 프랑스, 이탈리아, 스페인과 같은 농경민족은 항상 식사를 여유롭게 하는 문화를 갖고 있더군요.

그날 밤에 우리는 '베니카심'으로 놀러 갔습니다. '베니카심'이라는 이름이 왜 그런지 모르게 아라비아 냄새가 나서 그 연유를 물었지요. 그랬더니 스페인도 한때 이슬람의 지배를 받아 그 지역 땅이 '위대한 알라'의 식민지였던 일이 있었더군요. 그래서 이름이 '카심의 마을'이라는 뜻이라고 하더군요. 도대체 아라비아의 압둘라와 모하메드는 어떻게 곳에 왔을까 궁금한데, 지중해를 건너 '아라비안나이트' 그 밤의 야음을 틈타 '신드바드의 모험'에 나오는 주인공의 배를 빌려 타고 온 것이 확실해 보였습니다.

베니카심은 부산의 해운대처럼 해변에 건설된 휴양과 환락의 지역이었습니다. 많은 디스코장이 나의 젊은 피를 끓게 했고, 길고 검은 머리와 호수처럼 깊은 눈의 스페인의 처녀들은 요란스러운 춤으로 이방인의 가슴을 설레게 하더군요. 무지 좋았습니다. 그 밤!

스페인이 이슬람의 지배 아래 들어가게 된 것은 8세기 중엽으로, 팽창하던 이슬람 세력에 밀려 오늘날의 이베리아 반도를 빼앗기고는 피레네 산맥 속으로 피신 갔던 시기가 있었는데, 이후 상술 좋은 이슬람의 후예들은 상공업을 발전시키면서 오래도 살았답니다. 그래서 지금도 그들의 피는 스페인 사람들 핏줄의 어느 구석인가를 흐르고 있겠더군요.

다음날은 차를 빌려 멀리 보이는 산을 향해 무작정 올라갔습니다. 산에 올라 내려다보니 멀리는 베니카심이 보이고 푸른 바다가 시원스럽게 펼쳐져 있었습니다. 산 중턱에는 작은 수도원이 하나 있었는데 '베네딕트' 수도회 소속의 수사들이 우리 인간들의 죄를 용서해달라고 하느님께 빌고 있기에 나도 무릎을 꿇고 어젯밤 '베니카심' 에서의 모든 사악한 짓을 용서해 달라고 빌었습니다.

몇 년 후, 세빌리아를 방문할 기회가 있었는데, 그곳은 이슬람 지배 시절에 유명한 항구였다고 합니다. 작은 강이 시내를 관통하고 그 시절 이슬람의 유적은 좁은 골목길을 따라 잘 보존되어 있어서 아기자기한 타일로 치장한 모스크와 더불어 옛날의 영화를 말해주고 있었습니다. 오페라 속의 「세빌리아의 이발사」는 오늘도 열심히 머리를 깎아주고 있음은 물론이지요.

스페인 하비야의 색깔 있는 저녁

스페인의 남부지방에는 하비야라고 하는 해변휴양지가 있습니다. 바렌시아에서 차를 몰고 한참 가면 코끼리 머리 모양의 산이 보이는데, 운전사들은 그제야 휴~하고 한숨을 쉬면서 목적지에 다 왔다고 안도하는 곳입니다.

그 지역은 돌산으로 이루어진 척박한 지역인데도 날씨가 워낙 좋아서 귤농장이 언덕미다 게단을 이루고 있습니다. 사람들은 지중해가 보이는 언덕에 멋진 집을 짓고 사는데, 유럽대륙에서 연금으로 생활하는 노인들이 특히 많이 내려와 산다고 합니다.

이코폴로는 건설기계를 팔러 갔다가 외상값만 떼이고 온 가

슴 아픈 지역이기는 하지만 장사의 세계가 워낙 정글 같은 곳이니 어디 스페인의 날씨 좋은 곳이라고 도둑놈들이 없겠습니까? 하여간, 오늘은 해변에 있는 휴양지에서 장난꾸러기 프랑코에게 당한 이야기를 들려드릴까 합니다.

그날도 적당히 더운 날 저녁이었지요. 우리는 맥주를 곁들여 저녁식사를 하고는 약간 취기가 돌아 한 잔 더 하자고 의기투합하여 다른 술집을 찾아다녔습니다. 그 지방에 사는 프랑코가 앞장서더니 자그마한 스탠드바로 들어가는데, 어여쁜 아가씨들이 높은 의자에 가득 앉아 있더군요. 아무래도 접대부는 아닌 것 같고 젊은 처녀들이 즐겨 찾는 술집으로 보이더군요. 이렇게 물 좋은 곳을 이제야 소개하느냐고 핀잔을 주며 우리 남아들은 당당한 걸음으로 들어갔는데 프랑코는 다른 손님을 만나고 와야 한다면서 한 시간 뒤에 오겠다는 말만 남기고 사라졌습니다.

우리들은 적당한 여자를 골라 옆에 앉아서는 칵테일을 한 잔씩 시켜 마시며 작업을 시작했습니다. 그 여자들은 자기들도 한 잔 사달라면서 적극 응대하더군요. 역시 서양 여자들은 개방적이라서 좋다고 생각하며 내 입에서는 '한 잔' 이라는 소리가 자꾸만 나오더군요. 그렇게 마셔대니 당연히 금방 취기가 돌고 시시한 이야기가 테이블에서 춤출 때쯤 장미를 파는 중년의 여인이 들어오더군요. 기쁜 마음에 한 송이 사서 나와 연정을 쌓던 여인에게 공손히 바치는데 프랑코가 와서 가자고 하더군요. 가다니? 어디를 간단 말이야? 너희들이나 가라! 나는 작은 목소리로 그의 귀에 대고 속삭였습니다. 그는 빙긋이 웃더니 더 좋은 곳이 있으니 가자며 내 소매를 끌더군요. 다른 친구들이 가자고 하니 나도 할 수 없이 따라나섰습니다. 그의 차를 타고 해변에 있는 맥줏집으로 가면서 프랑코가 갑자기 크게 웃더군요. 왜 그러냐고 물으니 몰랐냐고 반문하더군요.

"모르다니? 뭘 몰랐냐는 말이야?"

"그 남자들 정말 몰랐어?"

"그 남자들? 누구? 손님은 우리뿐이었잖아?"

"개들 모두 남자야. 게이들이라고."

술이 확 깨는데 가만히 곱씹어보니 그들의 화장이나 목소리가 좀 이상했다는 생각이 그때야 떠오르더군요. 그래서 프랑

코는 우리들만 들여보내고 자기는 한 시간쯤 후에 나타나 우리들을 데리고 나왔었더군요. 도저히 속이 울렁거렸지만 억지로 참고 해변에 와서 모두 토해 바닷고기에게 먹이로 주고 맥주로 입가심을 하고 나니 비로소 진정이 되더군요.

유럽에는 동성애자들이 특히 많은 듯합니다. 그들은 신의 장난이라고 할 정도로 몸과 정신이 반대로 되어 있다고 하니 참 불행한 일이겠지요. 워낙 개방적인 사회분위기라서 그런지 남부 유럽을 여행할 때면 시내에서도 가끔 동성애자들이 도로에서 애정표현을 스스럼없이 하는 모습을 볼 때마다 안타까운 느낌이었습니다. 마약에 취했다면 모를까 어찌 저럴 수 있느냐고 하지만 우리나라의 유명한 여장남자 연예인도 스스로가 남자라고 생각해 본 일이 없다고 하니 오! 하느님 이를 어찌 하리요?

이스탄불의 동방특급

존경하는 마르코 폴로 선생, 이번에는 터키를 여행한 이야기를 들려드릴까 합니다.

이스탄불이라는 멋진 도시에는 1997년 첫발을 디딘 이후 매우 정겨운 도시라서 매년 한 번씩은 가는 곳인데, 한국 사람들에게는 6·25전쟁에 참전한 혈맹이라서 언제나 친절하고 기분 좋은 곳입니다. 한국인들도 오죽 터키를 좋아하면 지난 코리아월드컵 때에는 4강전에서 터키와 맞붙었는데 한국팀이 일부러 져주기까지 했겠습니까! 터키는 진정 사랑하는 애인관계의 나라이니까요.

터키는 공교롭게도 아시아와 유럽대륙에 걸쳐 있는, 그래서 국민들은 유럽의 한 사람이기를 원하면서도 종교는 이슬람교도라서 심정적으로는 중동지방에 가까운 사람들이 살고 있는 곳이랍니다.

사람들의 생김새는 모두 서방 사람들 모습인데, 눈이 크고 털이 많은 반면 머리가 검고 눈이 까만 사람이 많아 동방의 냄새도 간직하고 있지요.

이스탄불이란 이름은 수도(首都)라는 뜻이라고 하는데, 사실 이 장엄한 도시의 이름은 역사상 세 번이나 바뀌었답니다.

그 첫 번째는 옛날에 그리스가 이 지역을 점령하던 시대였는데, 비잔티움(Byzantium)이라고 불렀고, 학창시절 들은 비잔티움 미술이라는 이야기가 생각납니다. 두 번째는 로마제국이 기울면서 갈라져 로마를 중심으로 한 서로마제국과 동로마제국이 꽤나 말다툼할 때 이곳, 동방의 도시로 이사 온 교황이 콘스탄티노플(Constantinople: 콘스탄티누스의 도시)로 그 명칭을 바꾸었다고 합니다. 이후 동로마제국의 천주교는 '동방정교'라는 이름으로 발전하여 그리스, 동유럽, 러시아 등에서 변형되어 오늘에 이르고 있습니다. 그렇게 종교도 힘겨루기로 바뀌는 수가 많더군요.

그 후 1453년에 오스만터키제국이 이곳을 점령하면서 이름을 수도라는 뜻의 이스탄불로 바꾸어 부르게 되었답니다. 그래서 그런지 오늘날의 이스탄불은 기독교의 문명과 이슬람 문화가 존재했던 역사의 흔적이 곳곳에 있습니다.

또한 이스탄불은 보스포루스 해협을 사이에 두고 유럽과 아시아의 중간에 위치하고 있는데, 고대로부터 실크로드의 서쪽 종착점이었고 유럽 대륙을 향해 출발하는 '동방특급(Orient Express)' 열차의 출발점이기도 하였답니다.

그 보스포루스해협은 남쪽에 따뜻한 지중해를, 북쪽에 차가

운 흑해를 연결하고 있어서 해협에서 잡히는 고기는 열대어와 한대어가 섞여 잡힌다고 하니 식탁 또한 입맛대로 골라 먹을 수 있도록 풍성하더군요.

두 대륙을 잇는 영종대교 모양의 멋진 다리가 아시아와 유럽 대륙을 잇고 있었고, 그 밑으로는 멋진 유람선들이 지나다니고 있었습니다.

하루는 나의 거래처에서 주최하는 전 직원 파티가 저녁에 있는데 참석하겠느냐고 물어서 "아니 그걸 말이라고 해? 아니면, 이 좋은 저녁을 나 혼자 있으란 말이야?" 따지듯 직원의 팔소매를 붙잡고 따라가보니 유람선을 한 척 통째로 빌려 300명이 넘는 전 직원이 먹고 마시고 춤추는 즐거운 파티를 열었답니다.

그 배에는 외부에서 온 사람이라고는 나와 독일에서 온 젊은 고객이 한 명 있었고, 모두가 그 회사 직원들뿐인데 한 바퀴 둘러보니 예쁜 여직원들이 많이도 왔더군요. 이국적 눈매의 처녀들 중에 제일 예쁜 처녀, 미스 에쎈의 옆 자리가 비어 있는 것을 발견했습니다. 물론 그 자리에 앉아야겠다고 마음을 먹고 정세를 살피는데 그 많은 총각들은 물론이고 아무도 그 빈자리에 앉으려 하지 않는 것이었습니다. 이상해서 함께 간 젊은 직원에게 물으니 고개를 저으며 의미심장하게 빙긋이 웃기만 하는 것이었습니다. "무슨 소리야? 에쎈이 나를 기다리고 있는 것 같아." 나는 나지막이 속삭이듯 농담조로 물었습니다. "그 자리는 임자가 따로 있어." 그는 다시 나지막한 목소리로 대답했지요. 터키 아빠와 프랑스 엄마 사이에 태어났다는 미스 에쎈은 요염한 미녀로서 얼짱에다 몸짱인데, 물론 나와도 사무실에서 가끔 눈길이 마주쳤지만 그녀는 영어를 전혀 못해서 뭔가 찐한 사이로 발전할 수는 없었습니다.

잠시 후 파티가 시작되고 각자의 잔에 포도주나 맥주가 채워진 후에 우리는 건배를 하며 한 순배 돌아갔지요. 사장인 젊은 아들이 중앙 무대로 나와 직원들에게 일장 연설을 하는데 터키 말이라서 알아들을 수는 없더군요. 그런데, 그 양돼지 같은 젊은 사장, 그는 물론 자녀가 둘인 유부남인 것은 나와 같은 입장이었는데, 연설이 끝나자 유유히 미스 에쎈의 그 빈 옆 자리에 가서 앉는 것이 아니겠습니까! 아! 그랬구나. 그래서 모두들 감히 그 자리에 앉지를 못했구나 하고는 화끈거리는 얼굴을 돌려야만 했습니다.

잠시 후에는 사회자가 내게도 말할 기회를 주면서 형제의 나라 한국에서 온 동방 친구를 소개해주더군요. 나야 워낙 마이크체질이니 외국이라고 마이크를 사양할 생각은 전혀 없어서 터키에 대한 한국 사람의 감사하는 마음을 전하며 좋은 인연이 영원히 이어지기를 빈다고 말을 마쳤습니다. 그리고 덧붙일 것은 오늘 밤 가장 아름다운 터키의 미인 '미스 에쎈'을 위해 노래를 한번 불러 보겠다고 했습니다. 물론 술이 얼큰하게 취한 축제의 선상(船上)은 우레와 같은 박수로 환영을 하더군요. 그래서 나는 평소에 연습해 둔 톰 존스의 명곡 「딜라일라(Delilah)」를 힘차게 불러 제쳤습니다.

"My my my ── Delilah Why why why ── 에쎈아 왜 바람피우냐~~~I could see that girl was no good for me"

많은 젊은 총각들이 에쎈에 대한 연정을 갖고 있었을 텐데 내 노래의 내용은 권력자, 사장에게 에쎈을 빼앗긴 총각들과 엉큼한 유부남들의 마음을 대변하는 명곡이었을 테니 환호는 정말 대단하더군요.

노래가 끝날 무렵 나는 사장과 미스 에쎈의 관계를 비꼬는 노래를 한 결과로 이튿날 아침에는 거래관계가 끝날까 걱정을

했지요. 그런데 이튿날 그 회사에 다시 가니 주문을 취소할 기미는 보이지 않고 직원들도 모두 기분 좋게 빙긋이 웃으며 반갑게 맞아 줄 뿐 아니라 미스 에쎈도 방긋 웃으며 나를 맞는 것이었습니다. 알고 보니 사장과 에쎈, 두 사람은 영어를 모를 뿐 아니라 사랑을 속삭이느라 나의 노래를 듣지 못한 것이 분명했습니다.

'정의는 언제나 살아 있고, 정의로운 자에게는 다 피할 길을 열어 주시는구나!' 하고 이코폴로는 자비로우신 하느님께 감사 기도를 드렸습니다.

상담을 마치고 이튿날에는 관광회사에서 운영하는 버스를 타고 이스탄불 시내 관광을 했습니다.

우리 일행을 안내한 가이드는 젊은 여자였는데 이름을 '푼다' 라고 불러 달라던 그 여자는 물론 고등 교육을 받은 여자답게 아주 차분하게 이스탄불의 역사부터 잘 설명을 하더군요. 특히 인상 깊은 것은 동방특급열차가 출발했다는 이스탄불역이었습니다. 그때는 동구라파 쪽의 전쟁으로 인하여 운행하고 있지 못하다고 하더군요. 그 이야기를 들으니 언젠가 주말의 명화로 본 영화 '동방특급' 이 생각났습니다.

이스탄불로 향하는 특급열차 안에서 일어난 살인 사건을 다룬 스릴러물로 재미있게 보았던 기억이 났습니다. 역에서는 금방이라도 유럽의 중심부를 향해 떠날 것 같은 기차가 기적 소리를 내며 나의 탑승을 기다리고 있더군요.

기차역을 뒤로하고 우리를 실은 버스는 성 소피아 성당과 블루모스크가 이웃해 있는 거리로 우리를 안내하더군요. 이 두 건물이 서로 바라보고 있는 모습은 기독교와 이슬람의 공존과 조화를 상징하고 있는 것 같아 보기 좋고, 어차피 뿌리가 하나인 종교가 서로 갈라져 싸우는 모습이 하느님 보시기에 얼마나 안타까우실까 생각하게 하였습니다.

소피아 성당은 콘스탄티노플 시절인 6세기에 지어졌는데 현대의 불가사의라고도 하는 이 성당은 이슬람이 지배했을 때는 모스크로 쓰였다가 지금은 박물관으로 사용되고 있답니다. 붉은 색조의 외관이 수려한 이 건물은 지붕이 불가사의 합니다. 원형 돔 형태의 지붕은 56미터의 높이에 걸려 있는데, 그 지름이 33미터의 엄청난 크기인데다 이 원형 지붕을 지탱하기 위하여 2개의 큰 기둥과 아치, 반구 형태의 옆 지붕이 절묘한 힘의 배분을 이루며 조화와 아름다움을 동시에 실현한 독특한 구조이더군요.

이 성당을 다 짓고 헌당식을 거행할 때 황제는 깊이 감동하여 "오! 오! 솔로몬이여, 내가 그대를 이겼도다!!" 하고 경건하게 외쳤다고 합니다.

천주교 신자들을 위해 한마디 한다면, 이 성당은 소피아 성녀를 기념하여 지은 것으로 오해하기 쉬운데, 소피아는 '하느님의 지혜'라는 뜻으로 즉, 예수그리스도를 가리키는 말입니다. 성당 내부도 십자가 형태로 되어 있고, 소피아 성녀의 그림은 그곳에 없더군요.

소피아 성당의 이웃에는 이슬람의 상징적 건물인 블루모스크가 있는데, 모스크란 이슬람 사원을 말합니다. 즉, '푸른색 회교사원'이란 말이겠지요.

이 모스크는 17세기 초에 술탄 아멧 1세가 지었다는데, 은은한 푸른색을 띠고 있는 원형돔 지붕이 아름다운 조화를 이루며 묵직한 느낌이 이슬람을 대변하고 있더군요. 마침 내가 간 시간에는 살라(이슬람의 예배) 시간이라서 모스크 경내에 있던 모든 이슬람 신도들이 부산하게 예배드릴 준비를 하더군요.

중동지방을 여행할 때마다 느끼는 것은 그들의 종교 생활에 대한 경건함입니다. 이슬람교도들은 살라(예배) 시간이 되면 우르르 수도가로 몰려갑니다. 양말을 벗고, 얼굴은 물론이고 손과 발을 깨끗이 닦고 양치질을 한 후 머리를 빗고는 모스크 안으로 들어가거나, 모스크가 멀면 현재 있는 그 자리에 양탄자를 깔고 이마를 땅에 부딪치며 신께 경배를 드립니다.

'알라' 는 영어로 'The God' 이라는 뜻으로 그저 신(神)이라는 뜻이니 알라신이 따로 있는 것은 아니라고 하더군요.

그 신께 매일 하루 다섯 번이나 손발, 얼굴을 깨끗이 씻고 이마를 땅에 박으며 절을 해서 하느님을 경배하니 내려다보는 하느님이 보시기에는 얼마나 기특하시겠습니까? 그래서 그런지 세계의 유명한 원유 생산지는 이슬람지역이 많습니다. 사우디, 두바이, 쿠웨이트, 이락, 이란이 그렇고, 러시아지역이었던 카자흐스탄 뿐 아니라 중국의 신강성지역에서도 석유가 많이 나오는데 이 지역들이 모두 이슬람 사람들이 사는 지역이랍니다.

그래서 우리나라도 이슬람으로 국교를 정하고 머리가 땅에 닿도록 절을 하루에 다섯 번씩 하면 갑자기 석유가 펑펑 솟구쳐 나오는 것을 아닐까 하고 생각해 보았답니다.

존경하는 마르코 폴로 선생!

선생께서는 아마 그 시절 유럽의 종교였던 천주교 신자였을 터인데 이슬람지역을 여행하면서 배타적 왕따를 당하지는 않으셨는지요?

미국과 세계 강대국의 지도자 여러분, 이스탄불에 한번 들려서 소피아 성당과 블루모스크의 조화로운 공존에서 한 수 배우시지요?

앙카라에 시든 러시아의 꽃

존경하는 여행광, 마르코 폴로 선생,

오늘은 터키의 앙카라에서 본 안타까운 이야기를 들려드릴까 합니다.

앙카라는 터키의 수도인데, 인구 320만을 조금 넘기는 적당한 크기의 예쁜 도시입니다. 다만, 터키의 중부지역, 산속에 위치한 것이 수도로서는 위치가 좀 적당하지 않은 느낌입니다마는 1923년, 케말 파샤가 이끄는 공화국 정부가 들어선 이래 이스탄불에서 앙카라로 수도로 바꾸었다고 합니다. 초대 대통령인 케말 파샤는 술탄이라 불리던 왕정을 끝내고 공화정을 세웠을 뿐 아니라 제1차 세계대전에서 패한 연맹국의 일원이었던 터키가 그리스군 등의 외세에 의해 점령당할 위기에서 독립전쟁을 이끌어 조국을 구한 장군이었다고 합니다. 지금도 국민들의 열광적 사랑을 받고 있는 국부로서, 터키의 화폐에는 그분의 사진이 인쇄되어 있습니다.

내가 히타이트 왕국의 고적 도시, 앙카라에 처음 간 것은 지난 2001년 봄으로 기억되는데, 이스탄불에서 앙카라행 비행기를 타고 가야 했습니다. 그런데 공항에서부터 일이 공교롭게 꼬여서 나는 체크인하고 탑승권을 받아 쥐고는 시간이 남아서 한가롭게 스탠드바에 들려 맥주 한 잔을 하고 있었답니다. 아무리 기다려도 비행기가 탑승을 시작한다는 방송이 나오지를 않더군요. 그래서 터키의 맛좋은 맥주 'Efes'를 한 잔 더하고 있는데 아무래도 이상한 생각이 들어 탑승구로 가서 왜 탑승을 시작하지 않느냐고 물으니 중년의 터키항공 여자 직원이 대뜸 "Are you Mr. Lee?" 하고 묻는 것이었습니다. 나는 갑자기 '이 여자가 어떻게 내 이름을 알고 있지?' 생각하며 고개를 끄덕이자 어디에 갔다 왔느냐? 그렇게 불렀는데 왜 이제 오느냐? 비행기는 이미 출발하였다고 하는 것이 아닙니까. "뭐야? 언제 니를 불렀어?" 아무리 여직원에게 따져 보아야 이미 비행기는 출발한 후이니 참 답답해지더군요. 생각해 보니 터키말로 나를 불렀을 테니 알아들을 수 없었을 것이고 당연히 맥주로 느긋해진 마음 자세가 비행기를 놓치는 결과를 낳았지 뭡니까. 언제나 남자들의 실수는 술이 죄입니다.

마르코 폴로 선생께서도 실크로드를 오가던 대상(隊商)들과 어울려 여행할 때 낙타떼를 놓친 경험이 가끔은 있으셨을 테니 그 황당함을 이해하시겠지요. 그래서 한 시간 후에 있는 다음 비행기를 사정해서 얻어 타기는 했는데 걱정되는 것은 앙카라 공항에서 나를 기다리고 있을 거래처 직원들이었습니다. 정해진 비행기에 오지를 않으니 기다리다 그냥 가버리면 나로서는 처음 가는 도시에서 정말 황당한 꼴을 당하게 될 터이니 말입니다.

그런 고민에 쌓여 있는데 옆자리 아가씨가 이상하게 생긴 원숭이를 구경하듯 신기하다는 듯 흘깃거리며 나를 보는 것이었습니다. 나도 얼른 훑어보니 시원한 눈매의 대단한 미인이더군요. 싱긋 웃어주니 먼저 유창한 영어로 말을 걸어오는데 순간 나는 내 몸이 얼어붙는 줄 알았습니다. 천주교 신자인 이코폴로는 중년의 나이도 잊은 채 얼른 늑대들의 감사기도를 올렸습니다.

하늘에 계신 우리 아버지

아버지 이름이 거룩히 빛나시며,

…………

오늘 저에게 일용할 여자를 주시고,

저를 유혹하는 처녀를 용서하시고….

그 아름다운 아가씨는 호주 국적의 터키 아가씨이고 호주의 콴타스항공 이스탄불 지사에 근무한다고 하더군요.

나도 질세라 나는 한국의 대단한 회사 중역인데로 시작되는 남자다운 장광설로 그녀의 환심을 사보려고 노력했습니다. 이미 앙카라에서 기다리고 있을 거래처의 젊은 직원들이야 벌써 잊었습니다.

우리는 재미있게 호주의 이모저모와 터키를 비교하며 이야기를 나누었습니다. 그러다가 앙카라 공항이 가까워 오자 그녀가 앙카라 공항에 누가 마중 나오느냐고 묻더군요. 거래처 직원들이 기다리기로 했는데 비행기를 놓쳐서 일이 이렇게 되었으니 아직도 기다리고 있을지 걱정이라고 했습니다. 그러자 그녀는 자기 약혼자가 기다리고 있으니 만약 그 직원들이 없으면 자기 약혼자에게 부탁해서 시내까지 데려다 주겠다고 하더군요. '뭐, 약혼자?' 약혼한 여자라면 처음부터 그렇게 신분을 확실히 했어야지 공연히 국제방랑자의 가슴만 설레게 해놓고 이게 뭐야! 참담하게 '일용한 남자'가 된 꼴이 되었다고 소리칠 뻔했습니다.

비행기에서 내려 대합실 쪽으로 걸어 나오며 이야기를 주고받는데 다행히도 거래처 직원이 저기서 손짓을 하는 것이 보였습니다. 휴~~ 하고 한숨을 몰아쉬는데 그녀의 약혼자가 나타나 그녀와 나를 번갈아 보며 눈을 부라리는 것이었습니다. 그녀는 그저 생끗 웃으며 남자의 팔짱을 끼고는 뭐라고 속삭이는데 내 귀에는 "응~ 그저 잠깐 데리고 놀았어. 오해하지마." 뭐 그러는 것 같더군요. 닭 쫓던 개가 되어 약혼자와 사라지는 그녀의 뒷모습을 보고 있는데, 나를 기다리던 거래처 젊은 직원이 다가와 반가움과 부러움으로 저 여자는 누구냐고 묻더군요.

"응, 내 팬이야. 이코폴로는 여자에게 너무 인기가 많아서 말이야~~" 하고는 둘러댔지요.

거래처에 가서 상담을 마치고 여러 젊은이들과 어울려 저녁 식사를 하러 나갔습니다. 이미 어둠이 내린 앙카라 시내가 내려다보이는 '언덕 위의 하얀 집' 레스토랑에 들어갔는데 역시 유구한 문화를 자랑하는 터키답게 고풍스런 실내장식과 무게 있는 있는 식기하며 장중한 분위기를 연출하는 멋진 식당이었습니다.

우리는 터키 식으로 구운 송아지 고기와 터키의 전통주인 '예니라키' 잔을 힘차게 부딪쳤지요.

배가 부르자 젊은 사장은 한 잔 더하러 가자고 권하더군요. 물론 큰 기쁨이었지요. 우리는 반짝이는 불빛이 유난히 많은 거리로 진군했습니다. 짜임새 있어 보이는 술집에는 중앙에 예쁜 무대도 있어서 술 한 잔에 취하면서 디스코도 출 수 있겠디고 생가하며 자리를 잡았습니다.

저녁식사를 하며 마신 소주의 취기에 더해 맥주가 혼합되니 본격적으로 흥이 나더군요. 귀를 때리는 음악과 싸이키 조명은 과연 이곳이 이슬람 국가인가 하고 의심이 갈 정도였습니다. 잠시 후 은은한 음악으로 바뀌면서 무대로 아가씨들이 여러 명 올라가 춤을 추기 시작하더군요.

아무리 보아도 터키 여자들 같지는 않아서 어느 나라에서 온 치마들이냐고 물었지요. 답은 러시아 여자들이라는 것이었습니다. 그 여자들은 소위 말하는 불법체류를 하면서 술집에서 돈을 벌고 있다고 했습니다. 한때는 미국과 함께 최강의 국력을 자랑하던 러시아. 그러나 지금은 그 딸들이 세계의 구석구석으로 팔려나가는 나라. 거기에는 가난한 나라의 여자들이 겪는 고단한 삶이 드리워져 있었습니다.

이슬람 국가인 터키에서는 최소한 여자들이 차도르나 부르카를 쓰고 다니는 정도는 아니지만 술집에서 웃음을 파는 터키 여자는 볼 수가 없습니다. 워낙 이슬람의 교리가 엄격한 덕분이지요. 대신에 술집에는 동구라파와 러시아의 여자들이 그 빈자리를 메우고 있었습니다.

심각한 얼굴로 무대를 흘깃 보니 더 망측한 것은 그 여인들 중에는 중년의 뚱보 여자들이 꽤나 섞여 있는 것이었습니다. 아무리 야릇한 밤의 무대라고 하여도 술집에 나서기에는 너무 시든 꽃들이 다이어트할 에어로빅 연습장을 잘못 찾은 듯 몸은 흔들어대고 있었습니다. 한 가정의 아내이고 엄마일 것이 분명한 여인들이 멀리도 나와 말도 안 통하는 다른 남자들에게 흰색 허벅지를 보이며 춤을 추는 가련한 모습이었습니다.

존경하는 마르코 폴로 선생,

선생께서 많은 시간을 지내셨던 원나라 북경에는 각국에서 팔려온 여자들이 유곽에서 남자들을 위한 하룻밤 풋사랑의 노리개로 일했던 일이 있었고, 나라의 힘이 약하면 결국 여자와 어린이들이 제일 고생을 한다는 확실한 역사의 굴레입니다.

한 나라의 지도자는 참 중요하다는 생각을 했습니다. 이런 면에서 터키의 국부, '케말 파샤'는 진정한 국가 지도자였던 것이 확실합니다. 제1차 세계대전의 결과로 국토의 대부분을 잃었는데, 독립전쟁을 리드하여 오늘의 국토를 회복하였고, 경제발전과 국가 건설에 주력하여 지금은 꽤나 나라다운 나라를 건설하는 기초를 닦았으니 말입니다.

이들닐 한 바퀴 돌아보니 '한국공원'이 있는 앙카라는 구시가지와 신시가지로 구분되어 있는데, 구시가지는 앙카라 성내에 있는데 고대 히타이트 시대 건물부터 아나톨리안 건축양식까지 아름다운 건물들이 각종 박물관으로 쓰이고 있고, 발코니가 예쁜 오래된 이층집들이 터키 민족의 생활상을 엿보게 해주더군요. 신시가지는 현대식 계획도시로 잘 꾸며져 있어 마치 서울에 온 기분이었습니다.

지금도 앙카라의 거래처에서 소식을 받을 때마다 러시아에서 온 시든 꽃들이 춤추는 모습이 눈에 선하여 이코폴로는 다시 한번 주먹을 불끈 쥐고 수출로 애국하며 부국강병의 길을 찾아 일생을 보내겠다는 다짐을 한답니다.

Made in 아카풀코

존경하는 마르코 폴로 선생!

중남미도 서방 나라의 한 지역으로 볼 것인가 생각 중이지만, 내가 다녀보니 그곳도 중세 이래 유럽의 식민지로 근대사가 시작되면서 지금도 원주민인 인디오들보다는 유럽의 후손들이 사회의 주류를 이루고 있으므로 선생께서 보신 동방에 대칭되는 의미로서 서방이라고 규정할 수 있겠습니다.

나는 중남미라고 불리는 지역에서는 브라질, 칠레, 멕시코를 여행해 보았는데, 오늘은 멕시코에 대한 이야기를 들려드릴까 합니다.

첫발을 디딘 곳은 멕시코의 아카풀코라고 하는 해변 휴양지인데, 1999년, 그곳에서 열린 중장비 전시회에 참석하고자 갔었답니다. 아카풀코는 태평양 연안에 있는 해안 도시로서 동방을 향한 관문의 역할을 하는 항구로 시작한 도시라고 하더군요. 1960년대부터 할리우드의 스타들이 이곳에 놀러 오면서 유명해져 지금은 신혼여행지로 유명한 곳입니다. 해변의 모래사장이 아름다운 것은 물론이고, 적당히 더운 기후와 바다 스포츠의 백미를 모두 즐길 수 있는 장점으로 급속히 발전한 도시라고 합니다.

첫날은 호텔에 여장을 풀고 바로 전시회장으로 달려갔습니다. 예상대로 중남미 시장을 겨냥한 조촐한 규모의 전시회에는 알아들을 수 없는 에스파뇰과 포르투갈 언어가 난장판을 이루고 있어서 알아들을 수가 없는 이코폴로는 상담을 할 수가 없더군요. 그 전시회에는 아예 한국 상품은커녕 한국 사람조차 구경할 수가 없었습니다. 여기서 이코폴로는 좀 충격을 받았습니다. 마치 마르코 폴로 선생께서 처음 북경에 나타나셔서 이탈리아제품은커녕 서방 사람들 구경조차 못하셨을 그런 상황에서 겪는 기분이었지요. 하나도 팔 수가 없는 이 난국을 어떻게 뚫고 나가나 하고 고민하며 전시회장에서 간단하게

식사를 하려고 하니 음식 또한 도대체 먹을 것이 없더군요. 다행히 햄버거 가게는 있어서 콜라 한 잔을 곁들여 눈물 젖은 빵을 씹으며 고뇌해야 했습니다. 거기까지 가는데 비행기값이 엄청나게 들었으니까요.

다음날은 정말 할 일이 없어졌습니다. 전시회장을 다시 가 보았자 별 볼일이 없을 것이 확실하니 답답한 노릇이더군요. 예정대로라면 전시회장에서 이틀을 보내면서 상담하고 하루쯤 관광하다가 브라질로 갈 예정이었는데 갑자기 할 일이 없어졌지요.

느지막하게 잠에서 깨어 창 밖을 보니 아름다운 백사장이 펼쳐져 있었습니다. 해운대 비치만큼이나 아름다워 이코폴로는 그때까지 다녀 본 세계의 해변들과 비교해 보았습니다. 사실 백사장으로 말하면 우리나라의 해변도 세계에서 손꼽힐 정도로 아름답습니나. 하와이의 와이키키 해변이 유명하다고는 하나 모래가 없는 화산암 지역이라서 모래를 수만 톤이나 퍼다가 조성했고, 야자나무마저 심어서 조성한 곳으로 백사장보다는 노래로 더 유명해진 곳이지요.

호주의 브리즈번에 있는 골드코스드 해변은 고운 모래가 겪

푸른 파도와 어우러져 바닷가에 즐비하게 늘어선 고층빌딩과 멋진 조화를 이루지요. 끝도 없이 이어지는 황금빛 모래사장은 여름이면 윈드서핑하는 사람들로 초만원을 이루더군요.

시드니의 본다이비치에는 규모는 작지만 가끔 토프레스로 일광욕을 즐기는 여자들이 있어 곁눈질하기 좋았던 기억이 나고, 스페인 카스테욘의 베니카심 해변은 이베리아 반도의 이글거리는 태양 빛이 일품이었지요. 중국 대련의 자갈밭 해변은 동글한 자갈이 펼쳐져 있어서 백사장은 아니지만 아름답고 수영하기엔 좋았던 기억이 났지요.

점심때쯤에는 도저히 무료함을 달랠 수 없어 호텔 밖에 펼쳐진 백사장으로 나갔습니다. 호텔 뒷문은 백사장과 바로 연결되어 있어서 투숙객들이 수시로 수영복에 가운만 걸친 채로 호텔을 들락거렸습니다.

호텔이 즐비한 백사장에는 신혼이니 당연히 그렇겠지만, 비키니 수영복 차림의 젊은 여인들이 세계의 방랑자 이코폴로의 눈을 사로잡았습니다. 모두들 짝이 있어서 세상이 온통 자기들만의 것인 양 행복해 재잘거리는데 동방의 에트랑제 이코폴로만 쓸쓸하기 짝이 없더군요. 마누라가 옆에 없는 휴양지는

오히려 안 가는 편이 좋다는 확실한 결론을 내리며 백사장에 하염없이 빈 맥주병만 늘려가고 있었습니다.

할 일 없이 남의 행복을 감상하고 있기도 지루하여 호텔에 들어와 여행안내에게 물으니 Acapulco의 가장 큰 매력 중 하나는 La Quebrada에서 죽음을 무릅쓰고 뛰어 내리는 '절벽 다이빙'이라고 하더군요. 다이버들은 좁은 해협에서 38미터 높이의 절벽을 타고 오르며, 꼭대기에 도착해서는 성모상이 있는 작은 제단에서 기도를 올리고, 아래의 얕은 물속으로 날아드는데, 절벽 아래 물속은 온통 뾰족한 자연석이라서 바위에 부딪치지 않기 위해서는, 파도가 들어오는 순간에 뛰어내려야 한다고 합니다.

하루에 다섯 번 다이빙 쇼가 있는데, 마지막 두 쇼에서는 다이버들이 횃불을 들고 뛰어내리는데, 여기에는 물론 극성스런 여자 다이버도 있어서 돈을 위한 것인지 멕시코 여자의 용맹함을 과시하려는 것인지 알 수가 없더군요.

오후 늦게 생각해보니 혼자 호텔에 죽치고 있을 것이 아니라 하루 일찍 브라질로 가는 것이 좋겠다는 생각이 들었습니다. 물론 아카풀코에는 저녁에 시작하여 해가 뜰 때까지 춤을 추

는 디스코텍이 있다고는 하는데 혼자 그런 곳에 가서 고독을 씹을 수는 더욱 없었으니까요.

터벅터벅 걸어 여행사를 찾아가 비행기 표를 내밀며 하루 일찍 가겠노라고 말하고는 생각 없이 사무실 안을 둘러보는데 관광 안내 포스터 중 하나가 눈에 들어왔습니다. 한 살쯤 되어 보이는 아기들 십여 명이 누드로 뒷모습을 보이면서 호텔 발코니에 늘어서서는 아카풀코 해변을 바라보고 있는 모습이었습니다. 아기들은 모두가 피부 색깔이 제 각각이더군요. 검은 녀석, 흰 녀석, 노란 녀석에 남자아이, 여자아이까지 참 여러 종류의 인류 후손들이 예쁜 엉덩이를 보여주고 있었습니다. 아기들이 늘어선 사진 아래에는 스페인어로 뭐라 쓰여 있었습니다. 궁금하여 비행기표를 만지고 있던 여행사 직원에게 저 글이 무슨 뜻이냐고 물었습니다. 그는 빙그레 웃으며 말하더군요.

"Made in Acapulco!"

블라디보스토크로 간 허니문

존경하는 마르코 폴로 선생!

아내와 정 붙이며 산지가 벌써 25년이나 지났으니 호강시켜 줄 욕심에 거래처에 방문한다는 핑계 삼아 블라디보스토크로 날랐습니다.

생각해보면 블라디보스토크는 발해의 옛 땅. 하지만, 지금은 '동방정벌' 이라는 뜻을 가진 항구로서, 러시아제국이 힘으로 빼앗은 우리의 땅입니다.

9월말에 간 블라디보스토크는 우리와 기후가 흡사하여 지금 막 가을의 정취가 시작되고 있었고, 이코폴로를 놀라게 한 것은 그들의 역동적 생활 모습이었습니다. 시내에는 서울보다 더 심한 교통체증으로 몸살을 앓고, 청년들이 가득 찬 공장에는 기계소리가 요란하더군요. 공산국가가 자유경제를 향하여 무섭게 변하고 있었습니다.

시내로 가는 길에서 보니 언덕 위에는 항구를 내려다보는 레닌의 동상이 있는데, 분명 "노동자여 단결하라!" 하고 외치고 있는 모습이지만 그의 대머리에는 비둘기 배설물이 회색 페인트처럼 줄줄 흘러내리고 있었고, 아무도 닦으려 하지 않았습니다. 그나마 동상을 고철 처분하지 않은 것이 다행이었습니다.

항구에는 쓰다 버린 소형 잠수함을 관광용으로 개방해 놓았더군요. 그 잠수함은 제2차 세계대전 때 사용했던 것이라는데, 승선 인원 20여 명의 소형 잠수함이고, 대형 어뢰 2기와 약간의 무기를 싣고 바닷속을 누비고 다녔다고 합니다. 잠수함이라는 특수성 때문이겠지만 내부는 굉장히 비좁아서 해군들이 숨은 제대로 쉬면서 작전했을까 의아했습니다.

잠수함이라면 문득 스페인의 남부도시 무르시아 근처에 있는 스페인 해군본부 정원에 전시해놓은 세계 최초의 잠수함이 생각나더군요. 최초의 잠수함은 오크통으로 만들었는지 나무

판자를 이어 만든 모양이 마치 큰 포도주 저장 통처럼 생겼습니다. 배를 물속에 숨어 다니게 한 발상과 발명은 획기적이어서 스페인 무적함대의 전통을 계승한 걸작이었습니다.

블라디보스토크는 전략적 요충지로서 전쟁의 흔적이 여기저기 있습니다. 바나가 잘 보이는 언덕에 오르니 구식 대포가 여기저기 방치되어 있던데, 전쟁 중에는 함선들을 향해 불을 뿜었을 모습을 상상하였습니다. 아무리 쓰지 못하는 것이라고 하더라도 육중한 무기가 산꼭대기에 방치되어 있는 모습은 군사대국의 유산 같아서 불쾌하더군요.

산을 내려와 시내로 들어서니 자동차가 홍수를 이루는데 교통도덕은 아예 없는 듯 보였습니다. 모든 차가 경적을 울리며 서로 먼저 가려고 아우성이니 차량 흐름은 더욱 느려질 뿐이었습니다. 가까스로 기차역에 도착하니 옛날 증기기관차를 전시해 놓았는데, 톨스토이의 『부활』에 나오는 시베리아 횡단열차였습니다. 지금이라도 증기를 품어대며 제정러시아의 영광을 싣고 칙칙폭폭 떠나는 듯 하였습니다.

이튿날은 거래처 사장의 요트를 타고 그 회사 직원들과 바다낚시를 나갔습니다. 멀리 나가지도 않은 곳에 요트들이 몰려 있어서 이상하여 물었더니 그곳에 고기가 많다고 하더군요. 급히 배를 몰아가서 낚시를 드리우니 광어가 입질을 하더군요. 한국 사람만 회를 먹는 것이 아니라 블라디보스토크 사람들도 회를 좋아하는지 겨자에 찍어서 먹는데 모두들 좋아하더군요.

한국에서 가져간 소주는 없으니 생선회를 안주 삼아 보드카를 한 잔 하니 사업하면서 받은 스트레스를 바닷물에 말끔히 빨아내는 기분이었습니다.

이제 배를 조금만 더 저어가면 한반도가 나오고, 속초항으로 가면 서울 가는 고속버스가 있겠다는 생각에 어느새 고향이 그리워졌습니다.

오후가 되자 서늘한 기운이 갑자기 엄습하여서 서둘러 항구로 돌아왔는데 어느새 배가 고프더군요. 밤이 되자 거래처 사장은 우리들을 전통음식점으로 데리고 갔습니다. 러시아 전통춤을 추는 무희들을 보면서 먹는 입에 딱 맞는 러시아식 음식은 보드카와 어울려 우리들의 결혼기념 여행을 행복하게 해주었습니다.

천국의 풍경화, 아일랜드

존경하는 마르코 폴로 선생!

초가을에 프랑스 북부의 작은 항구, 로쉬코프에서 배를 타고 도착한 곳은 아일랜드 남부의 작은 항구, 로살레였지요. 부산항이나 인천항을 보고 살아온 이코폴로는 그렇게 작은 항구가 국제적인 페리선이 도착하는 곳이라는 데에 깜짝 놀랐습니다. 그저 작은 어항만도 못한, 큰 건물이라고는 전혀 보이지 않는 곳에 작은 등대가 있는 것이 이곳이 항구임을 증명하고 있을 뿐이었습니다. 아일랜드 땅이었습니다.

우리 일행은 스페인에서 프랑스를 지나서 타고 온 차를 페리에서 내리고, 세관을 통과하여 남부 아일랜드 땅으로 차를 몰

았습니다. 여행이라면 일가견이 있는 이코폴로가 처음 본 아일랜드는 첫눈에 가난한 농업 국가이더군요. 유럽대륙에서 흔히 보이는 낮은 언덕과 구릉이 끝없이 펼쳐져 있는데, 좋은 점은 푸른 초원이라는 것입니다. 대개 도로는 좁아서 2차선에 불과하고 고속도로는 별로 없더군요. 우리는 킬케니라고 하는 작은 관광도시로 갔는데, 지도에서 보니 아일랜드의 중부지방에 있더군요.

도로 주위에 있는 집들이 난쟁이 집처럼 작은 데 놀랐고, 일부는 초가지붕이라서 또 놀랐답니다. 아마 바람이 많은 지역이라서 집을 작게 짓고 살았는가 봅니다.

아일랜드는 인구가 400만 명 정도라고 하고, 수도인 더블린에 100만 명 정도가 산다고 하니 한국의 인구 25퍼센트쯤이 서울에 사는 것과 비슷한 분포이더군요. 아일랜드는 천주교 나라라고 하는데, 그래서 그런지 작은 마을에도 오래된 성당이 여기저기 보이더군요. 그 옛날 못사는 신부들이 거리 모금으로, 아니면 가난한 농부들이 감자 한 포대, 옥수수 한 됫박을 모아 가면서 긴 세월 동안 지었겠지요.

그러한 농부들의 정성과는 다르게 왕이나 영주는 큰 왕궁에

서 잘 살았던 모양입니다. 호텔 근처에 있는 영주의 궁성을 찾아가보니 돌로 지은 성이 500년 전에 지었다는데, 전부 화강암으로 지었습니다. 그 시절 노예들은 고생 꽤나 했었겠다고 생각을 했습니다. 역시 어느 시대나 상층부의 사람들만 좋고 하층민의 삶은 피곤한 것이겠지요.

가난한 농부들도 노역으로 불려 와 영주를 위한 저택 건축에 목숨을 걸어야 했겠지요. 그날은 마침 일요일이라서 천주교 신자인 이코폴로는 주일 미사를 드리려고 생각하니 이미 오후

늦은 시간이라서 망설여지더군요. 그래도 성당이 어디냐고 물어 근처의 성당으로 저녁 미사를 드리러 갔습니다. 늦은 시간임에도 불구하고 수백 년쯤 된 성당에 거의 꽉 차도록 신자들이 함께 미사를 드리는데, 보기 좋았습니다. 특히, 아이들까지 동반한 젊은 부부가 많이 보이는 것은 다른 유럽 국가와 다른 모습이더군요.

이튿날 본격적으로 우리의 일을 하려고 채석장을 찾아 갔습니다. 가는 길에 보니 아일랜드의 시골 풍경이 한 폭의 수채화처럼 다가오더군요.

여기저기 풀밭 위로 한가롭게 젖소가 풀을 뜯고, 작은 오두막이 톰 존스의 노래처럼 「고향의 푸른 잔디」였습니다.

우리가 방문하여 기계를 실험한 채석장은 건축용 자갈을 생산하고 있었는데, 물론 유럽의 모습답게 한가롭게 보였습니다. 우리가 가지고 간 장비를 실험하는 데는 직원들이 모두 잘 협조해주어 쉽게 일할 수 있었답니다. 대체로 사람들은 순박하고 착해서 좋더군요.

식사 시간이 되자 무척 배가 고팠으므로 성질 급한 이코폴로는 현장 사람들에게 밥 퍼 먹는 시늉을 하면서 "Let's go 참

참!"했습니다. 그랬더니 파란 눈의 서방 일꾼들은 그 말이 무슨 뜻인지 대충은 알아들으면서도 나의 표정과 표현이 우스꽝스러웠는지 빙그레 웃더군요. 그 후로는 잘 생긴 서방 기능공들이 나만 보면 싱긋 웃으면서 "참참!" 하는 것이었습니다. 내 별명이 '참참'이 되는 순간이었지요.

현장에서 돌아오는 길에 다른 곳도 가보니 자연 수목으로 이루어진 공원이 드넓고, 아이들을 데리고 산보하는 부부의 모습이 아름답더군요.

생각하면 할수록 아일랜드의 시골 모습은 천국의 풍경화 같습니다.

호주에서 맺은 도원결의

호주에서 느낀 첫 인상은 '사람이 사는 곳' 이었습니다.

즉, 인간적인 정으로 가득한 사람들이 인간답게 여유를 누리며 캥거루와 이웃하여 사는 동네 말이죠.

마르코 폴로 선생!

선생께서 살아 계실 때에는 세계 지도에 아직 호주는 나타나지 않았었지요. 지금도 영국의 연방 국가인 호주는 그 옛날부터 영국 정부가 중죄인들을 보내는 유배지로 삼아 그곳 호주로 반역자, 살인자, 강도, 강간범 등을 보냈다고 합니다. 물론 영국에는 피부가 희고 눈이 파란 서방 사람들이 살고 있으니 당연히 죄수들도 서방인의 모습을 하고 있었겠지요. 그들에

의하여 개척되기 시작한 호주는 두 차례에 걸친 세계대전의 와중에 피폐해지고, 굶주린 유럽의 많은 사람들이 순전히 먹고 살기 위해 이민을 떠나 정착하면서 오늘처럼 발전한 나라가 되었다고 합니다.

제가 호주를 처음 가게된 것은 1995년 초여름으로 기억되는군요. 처음 도착한 곳은 '브리즈번' 이라는 작은 도시로서 골드 코스트로 더 유명한 곳이지요. 골드 코스트는 이름만큼이나 황금빛 모래사장이 끝도 없이 이어진 곳으로 매우 아름다운 해변이지요.

브리즈번은 호주 개척시절에 그곳을 처음 탐사한 선장의 이름을 따서 지은 도시 이름인데 브리즈번 강을 중심으로 작고 예쁜 도시가 조용히 나를 맞더군요.

그곳에도 우리 제품을 사겠다는 사람이 있어서 갔는데, 내게는 운명적 만남처럼 진한 우정을 나누는 '의형제'가 생긴 그런 곳이기도 합니다.

서방세계의 공항은 대부분 그렇듯이 '브리즈번' 공항도 매우 작고 아담하여 그곳의 인구가 서울과는 게임이 안 되는 줄 눈치챘지요. 비행기를 나서자 이런, 쌀쌀한 바람이 뺨을 스쳤습니다. 6월의 호주는 초겨울로 들어서고 있었지요.

시내의 중심가에 있는 호텔에 여장을 풀고 미리 연락했던 '밥 톰슨' 할아버지를 찾아갔습니다. 그 양반은 소형 기계류를 수입하여 파는 도매상을 운영하고 있었는데, 이제는 반쯤 은퇴한 생활을 하고 계시더군요. 오랜만에 만난 기쁨에 저녁식사를 집으로 초대해주더군요. 그의 집은 도시 중심지역의 단독주택에 있는데, 1미터쯤 기둥을 세우고 그 위에 집을 지었더군요. 뱀이나 작은 동물들이 집에 들어오는 것을 막기 위해 그랬다고 하니 그 옛날에는 그곳이 정글이었던 모양입니다.

그의 집은 이 층으로, 방이 10개쯤 있는데 세탁실, 거실, 식당 등 매우 많아서 물었더니, 자식이 8명이었는데 지금은 모두 출가해서 집이 텅 비어 있다고 하더군요. 마당에는 테니스 코트와 수영장이 있어서 흡사 재벌 회장댁을 방문한 줄로 착각했는데, 저택을 한국 돈으로 환산하면 비싼 값은 아니라서 땅값이 싸다는 걸 알았지요.

천사표 할머니는 언제나 웃는 얼굴로 동방의 손님을 맞아, 맛있는 요리로 스테이크와 감자튀김, 야채샐러드 등 입에 딱 맞는 음식을 포도주와 곁들여 내놓는데, 여행자인 이코폴로의 가슴을 흐뭇하게 해주더군요. 그래서 지금도 가끔 톰슨 할아버지에게 편지를 쓸 때면 꼭 '천사표 할머니'의 안부를 묻는답니다.

그녀는 주부로서만 지낸다고 하기에 심심하지 않느냐고 물었더니, 80먹은 할머니의 어머님이 현재 102세이신데, 아직도 살아계셔서 자주 가 뵙고, 관공서에 자원 봉사 나가고, 손자들 찾아가 보고, 집안 청소하고, 바쁘게 지낸다고 합니다. 그렇게 바쁘게 지내니 어디 늙을 사이도 없겠더군요. 식사를 마치고 니자 가족 앨범을 꺼내더군요. 어떻게 그 많은 자식들을 낳아 길렀는지 궁금할 정도로 하느님의 은총을 가득 받은 집안의 역사가 오롯이 담겨 있어서 보기 좋더군요. 중절모를 쓴 톰슨 할아버지의 젊은 시절 모습은 '제임스 딘' 의 청년시절 모습이고, 양산을 들고 찍은 할머니의 처녀 때 사진은 그레이스 켈리의 모습 그대로이더군요. 한참 동안이나 가슴에 밀려드는 행복감을 주체하지 못하여 눈을 감고 있어야만 했지요.

다음날은 일찍 일어나 신규 거래처를 처음 방문하게 되었는데, 그곳은 '데이비드' 라는 털보 거인이 운영하는 회사였습니다. 그와 오전 11시부터 상담을 시작했는데 오후 2시가 되도록 점심식사하자는 말을 하지 않는 것이었습니다. 할 수 없이 음식점이 여기서 얼마나 먼 지 물었습니다. 그제야 손님이 배고픈 줄 눈치 챈 그는 나를 가장 가까이 있다고 하는 식당으로 안내하더군요. '근처에 있는 식당' 이라고 해도 보통 자동차로 10분쯤 가는 거리이니, 옆 빌딩 지하에 있는 식당을 상상하는 서울의 월급쟁이 사고로는 잘 이해가 안가지요.

'비프스테이크' 를 주문해놓고 그에게 물었지요.

"이곳 사람들은 점심식사를 어떻게 해결하나요?"

"보통 안 먹지요. 먹는다고 해도 간단하게 샌드위치 정도."

"아니, 왜? 배고프지 않아요?"

"고기가 주식이므로 40세가 넘으면 보통 하루에 한 끼나 두 끼니만 먹고, 그것도 가볍게 먹어요. 살찌는 게 두려우니까."

"그래서 아까 점심 먹으러 가자는 말을 안 했군요. 나는 굶어 죽는 줄 알았는데요."

"그랬어요? 미안해요."

서로 오해를 풀고 있는데 주문한 스테이크가 나오더군요. 그런데 쟁반만한 접시에 백과사전 두께의 고기가 앉아 있기에 요리를 둘이 나누어 먹으라는 줄 알았답니다. 그래서 이 나라 풍습은 고기마저도 큰 그릇에 담아 놓고 여러 사람이 조금씩 나누어 먹나 보다 했는데, 또 한 접시를 내오는 것 아니겠습니까! 즉, 한 사람 식사가 그렇게 큰 것이었습니다. 음식을 날라오는 아줌마조차도 배가 뚱뚱하고 발목은 종아리와 구분이 안 될 정도라서 인심 좋게 생긴 줄은 알았지만 정말 너무하더군요. 그런데 그것이 보통의 양이라는 '데이비드'의 설명을 듣고는 호주 사람들이 일반적으로 큰 이유를 알겠더군요. 그 후로 나는 호주에 가는 사람들에게 말해 준답니다.

"호주 음식점에서 음식을 주문 할 때는 조금만 주문해!"라고 말입니다.

그날 점심식사로 나온 음식은 물론 반도 못 먹고 말았지만, 인심 좋은 호주의 풍습은 파리나 런던의 음식 문화와는 너무 달랐습니다.

다음날에는 그의 동업자인 '코넬' 씨를 만났는데, 그 가족은 할아버지 때에 영국에서 호주로 이민 왔다고 하더군요. 그들 부자는 굴삭기 임대업을 하고 있는데 경기가 나빠 장사가 잘 안된다고 하더군요.

호주로 이민 온 사람들의 말로 그 나라는 어린이와 여자에게는 천국이지만 남자들에게는 지겨운 곳이라고 합니다. 남자들은 '퇴근 후에 한 잔' 도 없이 고독을 씹어야 하는 심심한 지옥이랍니다.

그날 밤 혼자 심심하여 호텔 위층에 있는 빠를 찾아갔지요. 밤 9시 정도인데 손님이 전혀 없더군요. 시드니의 유명 대학에서 경영학을 전공하고 전기 관련 대기업의 간부로 근무했었다는 바텐더와 둘이 잡담을 나누며 한잔하는데 그가 학식이 대단하여 놀랐지요. 그는 부인과 이혼을 한 후 아주 거지가 되고, 더구나 월급에서도 또 상당 부분을 빼앗긴다고 합니다. 그

래서 그는 소득 신고를 하지 않아도 되는 바텐더를 한다고 하더군요.

이튿날 멜버른으로 가기 위해 비행장으로 나갔는데, 10여 명 쯤 되는 한 떼의 서방인 가족이 서로 부둥켜안고 울고 있는 것이었습니다. 나는 백인들이 집단으로 우는 모습을 처음 보았답니다. 신기하더군요. 그래서 살짝 다가가 우는 사연을 들어보니 함께 살던 아줌마 가족이 영국으로 이사를 가더군요. 떠나는 가족과 남는 친척들이 이별을 서러워하며 우는데 그게 도대체 생소하더군요. 서울의 김포공항에서도 1960년대쯤은 그런 모습을 볼 수 있었지만 요즈음이야 모두 영악해져서 누가 울기나 합니까? 그런데 호주에는 아직 그런 정겨움이 남아있으니 참으로 가슴 찡한 순간이었습니다.

이듬해에는 털보 '데이비드'와 '코넬'씨가 처음 한국을 방문했는데 그들에게는 해외 여행이 처음이라고 하니 좀 우습더군요. 그 두 사람은 내게는 고객이니 동방예의지국답게 극진한 대접을 했지요. 그런데 그것이 매우 인상 깊었던 모양입니다. 우리는 그날 밤 의형제를 맺었는데 모두 술을 좋아해서인지 쉽게 한 잔 술로 흉금을 털어 놓는 사이가 되었습니다.

지난겨울에는 가족과 함께 호주에 가서 데이비드의 집에 머물었는데, 그의 집은 브리즈번의 교외, 짐붐바에 있습니다. 새벽 3시면 새소리에 잠이 깨는 숲 속의 집은 수도가 없고 빗물을 받아서 식수로 쓰는 곳입니다. 가로등이 없지만 밤이면 별로 하늘을 도배한 듯하여 달이 없어도 환하더군요.

시드니의 한국 사람들이 몰려 산다는 코리안 타운, '캠프시'에는 한국 식품만 파는 슈퍼마켓이 있고, 사진관도, 푸줏간도 모두 한글 간판이라서 반가웠습니다. 지구의 반대편까지 몰려와 살고 있는 의지의 한국인들입니다.

시드니 근처에는 안개가 끼면 계곡이 푸른색을 띤다는 '블루마운틴'이 유명합니다. 엘리자베스 여왕의 방문 기념비가 있더군요.

'블루마운틴'은 한마디로 실망스러웠습니다. 큰 절벽이 제법 자태를 뽐내지만 그 정도라면 설악산이 훨씬 웅대하고 아름답지요.

마침 그 무렵이 연말이라서 축제를 한다고 하더군요. 하버브릿지 근처에서 불꽃놀이를 한다 해서 오페라하우스 광장에 자리를 잡고 앉았습니다. 사람이 하도 많아서 물어보니 시골에서 구경하러 온 사람들이 많더군요. 정작 불꽃놀이는 규모나 아름다움 면에서 서울대공원에서 밤마다 하는 불꽃놀이보다 약간 멋있는 정도인데 그토록 사람들이 몰리는 이유는 삶에 별다른 재미가 없어서 그런 게 아닌가 하고 생각되었습니다.

역시 시드니의 멋은 유람선을 타고 시드니 항구를 한 바퀴 도는 것입니다. 신이 만든 자연의 아름다움, 파란색 물과 떠다니는 원색의 요트, 예쁜 해안선을 따라 작은 집들이 어울려 그대로 그림이더군요. 배타고 건너간 '만리' 섬에는 대형 수족관이 아이들의 발길을 부르고, 모래사장에 앉아 한 잔의 포도주로 향수를 달래는데 한 중년의 아저씨가 지하 매설물 탐지기로 무언가 열심히 찾는 모습이 보였습니다. 그는 사람들이 잃어버리고 간 동전이나 보석 등을 찾는데 수입이 짭짤하답니다.

시드니의 명동, 킹스크로스에서 실망한 이야기도 한마디 해야겠군요. 우선 명동의 절반도 안 되는 규모가 그렇고, 그저 술집 좀 늘어서 있는 것이 고작이더군요. 시드니의 멋쟁이들은 어디 있는지 궁금했습니다.

발길을 돌려 멜버른 이야기 좀 해야겠습니다.

남극과 가까워서 그런지 특히 추운 이곳은 아내와 단둘이만 갔었는데, 꼭 신혼여행 기분이더군요. 개척 초기부터 공업이 발달한 이곳은 제법 큰 도시이고 사람들이 북적대는 것이 호주의 다른 도시와는 분위기가 다릅니다. 옛날 유적지도 잘 가꾸어 놓았고 추위 속에도 꽃은 활짝 피어 관광객의 마음을 사로잡는데, 한마디로 깨끗하고 아름다운 도시더군요.

호주는 풍요롭고 급할 것이 없는 곳이라서 사람들은 가족 중심의 인생을 노래하며 재미있게 살고 있더군요. 이혼한 남자만 빼고는 말이죠.

가끔 호주의 의형제들이 사는 옆으로 이민이나 가 볼까 생각도 해보지만 혹시 마누라에게 이혼이라도 당하면 그것 참 꼴불견일 것 같고, 퇴근 후에 한 잔 걸칠 친구도 없는 적막한 밤이 걱정되어 그냥 참고 있지요.

긴 나라 칠레의 풍경

낙타 타던 마르코 폴로 선생!

지난해에 매몰된 광부들을 무사히 구출한 칠레는 풍부한 광물자원으로 유명합니다. 특히 구리는 생산량이 많아서 시장가격을 쥐고 흔드는 나라입니다.

한국에서 그 나라에 가려면 미국의 로스앤젤레스를 경유하거나 호주의 시드니를 경유하여 가는데, 'ㄱ' 혹은 'ㄴ'자 의 항로를 따라가야지요. 왜 하와이를 경유하여 직선으로 가는 방법은 없는지 답답한 사항입니다.

지도에서 보듯 칠레는 워낙 긴 나라여서 적도부터 남극지방까지 안데스 산맥을 따라 좁고 긴 띠와 같습니다. 그러니 기후

조차 뜨거운 곳부터 냉장고 같은 날씨까지 다양하고, 농산품도 역시 풍부합니다.

내가 간 곳은 수도인 산티아고였는데, 구리광산에 우리 제품을 팔려고 갔습니다. 세계에서 가장 큰 광산이라는 간판이 나를 맞이하는데, 지하광산에는 터널이 미로처럼 뚫려 있었습니다.

광부 옷으로 갈아입고 터널을 따라 30분쯤 들어가니 땅속의 도시처럼 여러 가지 시설을 잘 해놓고 일하더군요. 광석을 캐내는 일은 거의 자동화되어 있어서 각종 기계를 조작하는 일조차 도심에 있는 사무실에서 원격으로 조종하는 일이 많다고 하니 근로자들의 작업환경은 점점 개선되는 것이 세계적인 추세입니다.

광석을 살펴보니 돌덩이 속에 얇은 구리 줄기가 박혀 있는데 신기하더군요. 그 광석을 부수어 용광로에 넣고 녹여서 구리를 추출한다고 합니다. 그러한 시설이 모두 단지 안에 있어서 편리하다고 합니다.

일을 마치고 돌아오는 길에 보니 콘돌의 모양을 조각해놓아서 안데스 산맥을 호령하는 독수리의 기상을 보았습니다.

산을 내려오니 평원이 이어지는데, 모두 포도밭이더군요. 한국에서 즐겨 마시는 칠레산 포도주가 바로 여기서 온다고 생각하며 레스토랑에서 포도주를 곁들여 점심을 먹었습니다. 그 음식점 옆에서 수확하는 포도로 담근 하우스와인이라고 하는데, 역시 맛이 일품이더군요.

산티아고에서 한 시간쯤 가는 곳에 있는 거래처 사장 집에서 저녁식사를 했는데, 전형적인 스페인 음식으로 한국사람들 입에도 잘 맞습니다. 그는 발파 선문가로서 사업가일 뿐 아니라 대학에서 강의도 합니다.

칠레에서 유명한 것은 이스터 섬에 있는 모아이 석상입니다. 워낙 특이하고, 미스터리해서 많은 관광객을 부른다고 합니다. 원주민들은 스스로를 '라파누이'라고 한다는데, 섬 이름은 네덜란드 사람들이 처음 발견한 부활절을 기념하여 '이스터' 섬이라고 지었답니다. 과연 그들은 모두 어디로 가고 먼 바다를 응시하는 석상만 남아 바다 갈매기 외로운 섬을 지키고 있는지요.

우주로 떠날 아이들

20년이 넘도록 서방세계를 다니면서 주마간산(走馬看山)이지만, 서방세계는 한번 훑어 본 기분입니다.

마르코 폴로 선생!

새삼 선생은 대단한 여행가라는 생각이 듭니다. 저 같은 젊은이도 비행기와 자동차라는 아주 편리한 탈 것을 타고 여행 다니는데도 막상 집을 나서면 음식이 맞지 않아 배탈이 나고, 시차(時差)에 시달려 잠을 제대로 이루지 못하여 고생스러운데, 선생은 13세기의 미개한 시절에 낙타 타고 여행을 다녔음은 물론 그걸 즐기셨으니 말이죠.

내가 처음 유럽을 방문하고 돌아오던 그날, 그 비행기 안에서 나는 처음 본 서방세계의 감격을 잊지 못해 언젠가는 꼭 이런 글을 쓰려고 했습니다. 그날 내 머리를 꽉 채운 생각은 우리 할아버지였는데, 내가 초등학교 5학년 때 돌아가셨으니 1960년에 우리는 너무 가난해서 외국 여행은 꿈도 못 꾸었지요. 그러니 할아버지는 서방세계에 관하여 전혀 지식이 없었다고 해도 과언이 아닐 것입니다. 우리 할아버지가 알고 계셨던 '외국'은 마르코 선생께서 견문하고 가신 중국과 식민통치를 하던 일본 정도가 전부였 것입니다.

그분은 과연 손자가 비행기를 타고 지구를 반 바퀴나 돌아서, 머리는 노란색이고 눈은 파란색인 꺽다리 인간들이 사는 곳에 가서 무역을 하려고 알아들을 수도 없는 꼬부랑말로 대화하는 모습을 상상이나 하셨을까 하는 그런 생각 말입니다.

마르코 폴로 선생!

선생의 눈에 동방은 매우 신기하고 이상하게 보였듯이, 제 눈에는 서방이 매우 신기하고 도대체 이상한 풍습으로 가득 차 있더군요. 그럼에도 우리는 교통과 통신의 발전으로 점점 서로 섞여 살게 되었습니다. 햄버거가 세계의 음식이 되었지만, 김치도 세계인의 입맛을 돋우고 있듯이 말입니다. 그래서 미국에는 내가 'UN의 자손' 이라고 이름 붙인 사람을 쉽게 만날 수 있고, 남미에서는 아예 피부 색깔이 전혀 다른 흑인과 백인 아이들이 한 부모에게서 태어나서 가족을 이루더군요. 조상들의 숨어 있던 유전자 덕분이라고 합니다.

내가 우리 할아버지 이야기를 했듯이 나의 증손자는 우주선을 타고 은하계 밖에 있는 이름 모를 별나라로 날아가면서 또 이런 말을 할는지도 모릅니다.

"과연 우리 할아버지는 자기 손자가 은하계 밖으로 우주 여행하는 것을 상상이나 하셨을까?" 하고 말입니다.

그때쯤이면 나, 이코폴로도 내 손자의 피부 색깔이나 눈 색깔이 어떨지 장담하지 못하겠군요. 하지만 우주복 아래의 피부색이나 눈 색이 그들에게 무슨 의미를 갖겠습니까? 어차피 마구 섞여 있을 테니까요. 오히려 그 손자에게는 우주인과 상담할 때 새로 만든 제품의 가격이 더 의미 있겠지요. 그 아이들 눈에는 내게 서방 사람들 모습이 이상스럽게 보였듯이 다른 별의 생명체가 신기하게 보이겠지요.

지난겨울 가족과 함께 호주를 다녀 온 후로는 부쩍 호주의 의형제 '데이비드' 와 국제전화하는 일이 많아졌습니다.

"럼주 다 마시지 말고 내 몫도 좀 남겨둬. 겨울에 다시 갈 테니까!"

전화에다 농담을 하며 낄낄대고는 하지요. 아이들은 아이들대로 인터넷으로 호주의 아이들과 서로의 편지를 주고받는답니다. 세상 참 많이 변했지요.

세월이 더 흘러 여행할 수 없는 나이가 되면 나는 어떤 모습일까 상상해 보고는 합니다. 상당히 확실한 것은 호주에 집을 짓고 새소리를 벗 삼아 살면서 때로는 흔들의자에 앉아 지는 태양의 따사로움을 만끽할 것입니다. 그때쯤 손자들이 우주로 여행을 다녀오겠다고 내게 인사를 오고는 하겠지요. 그러면 나는 또 그 애들에게 당부를 하겠지요.

"애들아, 알딸딸우주라인은 타지 마라!"

'알이탈리아에어라인' 이 그때쯤은 우주선 사업에도 손을 댔을 테니까요.

서방견문록(西方見聞錄)

2012년 1월 31일 초판 1쇄 펴냄
2013년 4월 7일 초판 2쇄 펴냄

지은이 _ 이순형
펴낸이 _ 양동문
펴낸곳 _ 詩와에세이

신고번호 _ 제319-2005-000014호
주소 _ (120-865) 서울시 서대문구 북아현동 1-495 세방그랜빌 2층
대표전화 _ (02)324-7653, 070-8877-7653
팩시밀리 _ 0505-116-7653
휴대전화 _ 010-5355-7565
전자우편 _ sie2005@naver.com
공 급 처 _ 한국출판협동조합
주문전화 _ (070)7119-1741~2
팩시밀리 _ (031)944-8234~6

ISBN 978-89-92470-70-4 03810